COMO EVITAR RECLAMAÇÕES TRABALHISTAS

e levar a bom termo as existentes

PERCIVAL MARICATO

COMO EVITAR RECLAMAÇÕES TRABALHISTAS

e levar a bom termo as existentes

PERCIVAL MARICATO

São Paulo – 2012

Editor: Fabio Humberg
Editora assistente: Cristina Bragato
Capa: João Carlos Porto, com fotos de Niroworld e annsunnyday (dreamstime.com)
Projeto gráfico: João Carlos Porto
Revisão: Renata Rocha Inforzato

Dados Internacionais de Catalogação na Publicação (CIP)
(Câmara Brasileira do Livro, SP, Brasil)

Maricato, Percival
Como evitar reclamações trabalhistas e levar a
bom termo as existentes / Percival Maricato. --
São Paulo : Editora CLA, 2012.

Bibliografia.

1. Direito processual do trabalho 2. Direito
processual do trabalho – Brasil 3. Justiça do
Trabalho 4. Relações de trabalho 5. Relações de
trabalho – Brasil 6. Trabalho – Leis e legislação
– Brasil
I. Título.

12-14621   CDU-347.9:331(81)

Índices para catálogo sistemático:

1. Brasil : Processo trabalhista : Direito do
trabalho   347.9:331(81)

Grafia atualizada segundo o Acordo Ortográfico da Língua Portuguesa de
1990, que entrou em vigor no Brasil em 1º de janeiro de 2009.

Editora CLA Cultural Ltda.
Rua Coronel Jaime Americano 30 – sala 12
05351-060 – São Paulo – SP
Tel: (11) 3766-9015 – e-mail: editoracla@editoracla.com.br
www.editoracla.com.br

Agradecimentos

Agradeço aos amigos e colaboradores que me ajudaram com críticas e sugestões para concretizar este livro: Andreia Lovizaro, Arnaldo Vuolo, Fabio Humberg, Felipe Villarinho, Joaquim Saraiva de Almeida, José de Alencar, Juliana Waneska de Oliveira, Mario Ernesto Humberg, Marilene Aparecida Bonaldi, Naomy Takara, Raphael Bottura e Sandra Rodrigues.

E também aos muitos outros com quem troquei ideias: líderes sindicais, pequenos empresários, advogados, gestores, e que foram fundamentais, pois percebi por eles que boa parte da população brasileira concorda comigo nas conclusões que, à primeira vista, parecem excessivamente rigorosas. No livro, manifesto opinião por mim e por todos. Deixo de citar nomes, pois são tantos que certamente cometeria muitas injustiças.

Percival Maricato

SUMÁRIO

INTRODUÇÃO 11

1. A LEGISLAÇÃO E A JUSTIÇA DO TRABALHO 15

A CLT 15

O juiz e sua visão da empresa 17

O trabalhador atual 20

O risco trabalhista na empresa e suas
consequências desastrosas 22

Algumas formas pelas quais a JT prejudica
o trabalhador pensando beneficiá-lo 24

Anomalias reveladoras da inadequação da legislação trabalhista
e do superdimensionamento da Justiça do Trabalho 30

A Justiça do Trabalho está superada, dizem os ex e o atual
presidente do TST 33

**2. COMO EVITAR RECLAMAÇÕES TRABALHISTAS E
LEVAR A BOM TERMO AS EXISTENTES** 39

Como evitar reclamações 39

Como ganhar ou fazer acordos nas reclamações existentes 41

Rescisão do vínculo no Ministério do Trabalho
ou no sindicato laboral 46

Comissões de Conciliação Prévia e Arbitragem 48

**3. O PROCESSO TRABALHISTA, FASES,
AUDIÊNCIA, RECURSOS, TRIBUNAIS** 51

Contestação, reconvenção, ações contra o reclamante 57

O uso de má-fé 59

A audiência, a tentativa de acordo e o papel do preposto 61

A importância da testemunha na Justiça do Trabalho 66

A sentença 71

Condenação em sucumbência e custas 73

Duração da reclamação 73

O crescimento da JT por ela mesma 75

Recursos 78

A exceção de suspeição 80

O custo da reclamação trabalhista para a
empresa, o trabalhador e o país 81

4. CONTRATAÇÃO DE PESSOAL 85

A arte de contratar funcionários 86

O recrutamento 87

Lendo a carteira profissional e obtendo referências 88

A entrevista de admissão 89

A formação pessoal 93

O que deve ser observado em um novo funcionário 94

Durante a relação empregatícia 96

Outras observações 96

5. CULTURA EMPRESARIAL 101

A contribuição do PNBE 106

6. O RISCO DO PASSIVO, OSTENSIVO E OCULTO 109

Uso de internet, telefone fixo e celular 115

Teletrabalho e *home-office* *119*

7. RESCISÕES E PUNIÇÕES DISCIPLINARES 121

As punições disciplinares 123

As penalidades gradativas 125

Procedimentos para dispensar 127

A dispensa por justa causa 129

Dispensa de funcionário por desídia 133

Abandono de emprego 137

8. O PAPEL DO ADVOGADO; CONTRATAÇÃO E HONORÁRIOS; DIREITOS E OBRIGAÇÕES...... 139

A escolha do advogado..... 140

Como contratar um bom advogado 142

As principais regras para um relacionamento proveitoso 144

Deveres do profissional 145

Como saber se tenho um bom advogado?..... 145

O contrato e os honorários..... 146

Honorários na JT, segundo a Tabela de Honorários da OAB 149

Os preparativos da audiência 151

A condenação da empresa em honorários ou má-fé 152

Remota, possível ou provável? 153

9. A EXECUÇÃO DE SENTENÇA; PENHORA E LEILÃO DE BENS DA EMPRESA OU DOS SÓCIOS; AÇÃO RESCISÓRIA E AÇÃO ANULATÓRIA 155

A execução provisória 156

Penhora 160

A hasta pública 161

Quando o sócio responde pessoalmente por dívidas da empresa 163

Consequências do fechamento das portas para o empresário . 167

Responsabilidade do sócio que deixou a empresa..... 169

Responsabilidade do sócio que entra na empresa..... 171

Ação rescisória e ação anulatória..... 173

10. CONTRATOS COM PESSOAS FÍSICAS OU JURÍDICAS 177

Contratos de trabalho 177

Contrato por tempo determinado..... 178

Contrato de experiência..... 179

Banco de horas 180

Contrato de mão de obra temporária..... 180

Quanto custa empregar um trabalhador.............................. 182

11. TERCEIRIZAÇÃO 185

12. O PAPEL DOS SINDICATOS;
AS DIVERSAS CONTRIBUIÇÕES 193

Relação empresas-sindicatos.. 201

As contribuições aos sindicatos, patronal e laboral 202

Contribuição associativa 202

Contribuições sindicais obrigatórias..................................... 203

Contribuições assistenciais 204

Contribuições confederativas.. 205

13. CONVENÇÕES COLETIVAS E DISSÍDIOS 207

14. DANO E ASSÉDIO MORAL... 211

Dano Moral... 211

Assédio moral e sexual.. 216

Dano material provocado por funcionário.............................. 217

15. PERSPECTIVA DE MUDANÇAS E
REFORMA TRABALHISTA 223

SIGLAS... 227

REFERÊNCIAS BIBLIOGRÁFICAS 229

INTRODUÇÃO

Saber lidar com funcionários, conhecer razoavelmente direitos e obrigações decorrentes da legislação trabalhista e enfrentar a Justiça do Trabalho (JT) é imprescindível para a sobrevivência e crescimento da empresa e, consequentemente, para quem quer ter sucesso como gestor, seja qual for o porte do empreendimento sob sua responsabilidade. Usamos o termo enfrentar, pois todo empresário que empregar alguém terá que se haver com o viés agressivo com que a JT vê a atividade empresarial, mais cedo ou mais tarde. É bom acrescentar que o que diremos para empresas serve também para gestores de clubes, entidades, ONGs ou qualquer outra instituição onde haja trabalhadores com vínculo de emprego ou até sem vínculo, pois a Justiça do Trabalho tem competência agora de qualquer relação de trabalho.

Tradicionalmente as empresas também são fiscalizadas pelo Ministério do Trabalho e Emprego (MTE) e, mais recentemente, pelo Ministério Público do Trabalho (MPT), infelizmente com a mesma tendência exageradamente intervencionista nas relações trabalhistas.

Quando surgem problemas nessa área, as grandes empresas os entregam a seus departamentos de recursos humanos

(RH), ou *pessoal*, como eram mais conhecidos anos atrás. Se for preciso, acionam seus departamentos jurídicos, onde advogados buscam soluções para problemas com funcionários, nas áreas administrativa, sindical e jurídica.

As micro e pequenas empresas (MPE), às vezes até algumas médias, não dispõem de recursos para ter departamentos específicos. Entre as médias, muitas que poderiam tê-los preferem destinar esses recursos para outras atividades e terceirizam a busca de soluções para escritórios especializados, visando mais eficiência e menores custos. É comum, nas que têm mais de trinta funcionários, a contratação de alguém para cuidar do RH ou, pelo menos, ajudar o empresário a cuidar dessa área, tanto como de outras, como problemas jurídicos, controles contábeis e financeiros.

Muitas empresas de médio e grande porte procuram por funcionários através de outras, especializadas em recrutá-los e selecioná-los, às vezes até em treiná-los. É bem mais científico, mas bem mais caro, sendo mais usadas, pois, para escolha de funcionários de alto escalão.

Também é comum em empresas médias, e até mesmo em pequenas, existirem gerentes, executivos, administradores, gestores, que são funcionários e auxiliam o empresário a tocar o empreendimento. Muitas vezes esse profissional é um faz tudo, contratado pelo empreendedor inexperiente para auxiliá-lo. Outras vezes aprendem com o empresário. No caso deste livro, também nos referimos a ele como administrador da empresa. Servem estas muitas informações tanto para estes como para executivos, gestores, diretores, gerentes – todos que têm função administrativa ou jurídico-trabalhista. Usaremos, também, as expressões empresário ou gestor, significando a pessoa responsável pela administração da empresa. Procuraremos sempre dar uma visão geral da JT, de sua inserção no processo histórico e no desenvolvimento econômico e social do país, trazendo conhecimentos que ajudam a encontrar soluções pontuais dentro da empresa e nos relacionamentos, tanto para públicos internos como externos.

O objetivo da empresa é sempre ter funcionários bons e estáveis, além de evitar litígios com os mesmos, pois, como veremos, o custo dos conflitos, se chegarem à JT, são enormes e podem se tornar decisivos para o insucesso do empreendimento.

O micro ou pequeno empresário (sempre que nos referirmos a pequenos, doravante, estaremos considerando incluídos no conceito micro e mesmo médios, quando a análise ou conclusão puder abrangê-los), sem ter departamentos e às vezes até funcionários especializados, tem mais motivos ainda para adquirir conhecimentos básicos em ambas as áreas, RH e Jurídica.

Reitere-se, insista-se, destaque-se pela relevância: não existe sucesso na área empresarial sem que o gestor tenha conhecimentos básicos nessas funções, pois, caso contrário, ficará cuidando de problemas delas surgidos, em vez de aprimorar seus serviços, conquistar clientes e vencer a concorrência. E o objetivo deste trabalho é justamente transmitir ou enriquecer esses conhecimentos. Para tanto, procuraremos ser práticos e didáticos, evitando linguagem técnica e rebuscada.

Este trabalho também pode ser útil ao jovem advogado ou ao que é especializado em outras áreas, mas servirá principalmente ao gestor. Iremos discorrer sobre a relação entre o gestor da empresa e os trabalhadores, a forma de agir para obter um ambiente de harmonia, ter funcionários motivados e estáveis, evitar conflitos e reclamações trabalhistas ou, quando surgirem – pois às vezes são inevitáveis –, o que fazer para obter bons acordos, ganhá-las ou evitar condenações, no mínimo condenações em valores elevados.

Para evitar reclamações trabalhistas, temos que começar estudando como deve ser o ambiente e a cultura da empresa, a contratação de funcionários, o relacionamento entre a administração e o trabalhador. O relacionamento respeitoso, humano, justo, sério, é imprescindível.

Na legislação, temos que conhecer as normas mais importantes da CLT, mas também saber como funciona a JT, o que pensam e como julgam os juízes, qual é o papel dos advogados, prepostos e testemunhas, como ganhar ou levar a bom termo as reclamações propostas, ou até mesmo o que fazer com as possíveis intervenções e fiscalizações do Ministério do Trabalho e Emprego, do Ministério Público do Trabalho e demais órgãos que fiscalizam e punem as empresas por descumprimento de alguma norma (ou pelo menos pela forma como eles interpretam essas normas), os procedimentos administrativos e meios de defesa. Aproveitaremos para falar também de sindicatos patronais e laborais, convenções coletivas, até mesmo sobre a responsabilidade social das empresas, pois sua conduta com relação à comunidade também influencia na maior ou menor quantidade de problemas que irão enfrentar e em suas soluções.

Iremos discorrer sobre os riscos que correm os empresários que, pensando estar arriscando apenas uma parte do patrimônio, podem perder tudo o que têm. Muitos perderam a empresa e todo o patrimônio, exceto a casa onde moram com a família, por ser protegida por lei. Assim mesmo, recomendamos que fiquem atentos, pois é comum juízes trabalhistas passarem por cima desse direito e determinarem a penhora até da residência onde vive o empresário falido e sua família. Daremos algumas orientações sobre como tentar evitar esses riscos ou pelo menos reduzi-los.

Não poderemos discorrer profundamente sobre a legislação ou o processo trabalhista. Impossível transformar o gestor, especialista em RH ou jovem advogado, ou de outra área, em profissional especializado em poucas horas, quando nas faculdades se exige cinco anos de estudos intensos para a formação profissional e muitos outros para adquirir experiência. Eu mesmo estudei e trabalhei 37 anos para escrever este livro com a segurança de estar transmitindo orientações adequadas. Foi fundamental ter advogado para ambas as partes, trabalhador e empresário, tanto como conhecer as demais áreas de direito, especialmente o constitucional, o civil e o societário, o que permite tecer comparações com o direito trabalhista e ter dele visão global. Nossas orientações serão básicas, mas voltadas para que o gestor possa fazer julgamentos corretos, desenvolver habilidades e competências, e agir conforme cada situação concreta que se apresentar no dia a dia. Mas a visão global e comparativa é importante para o direito de defesa, tanto técnico como político, e por ela passaremos.

1 A LEGISLAÇÃO E A JUSTIÇA DO TRABALHO

A CLT; como se conduzem perante a empresa e como julgam os juízes trabalhistas; aspectos positivos e negativos da Justiça do Trabalho no Brasil.

A CLT

A legislação trabalhista no país está contida principalmente na Consolidação das Leis do Trabalho, CLT, aprovada em 1943, ou seja, no século passado, pelo presidente Getúlio Vargas, que criou também os sindicatos, o Ministério do Trabalho e aperfeiçoou a Justiça do Trabalho, cujo embrião é de 1939. Houve algumas reformulações, mas o básico continua até hoje, quase 70 anos passados.

A CLT foi feita para uma época específica, a realidade vivida e as atividades e profissões existentes, para um tipo de jornada característica da indústria nascente, das 8h até às 18h, com uma ou duas horas de almoço e descanso. Com o dinamismo da economia e da evolução social e tecnológica, boa parte da CLT foi se tornando inadequada, superada, antiquada.

Surgiram novas atividades, que exigem novas relações de trabalho, novas jornadas, outros direitos e obrigações, evidentemente não previstos em seu texto.

A adequação e modernização da CLT se fazem necessárias agora, mais do que nunca, mas as propostas sempre encontram forte objeção de setores sindicais e dos magistrados trabalhistas, liderados principalmente pela Anamatra – Associação Nacional dos Juízes Trabalhistas. A JT sempre tentou enquadrar as relações trabalhistas, jornadas, direitos e obrigações decorrentes das novas atividades, das alterações no mercado, na tecnologia, na economia, nos conceitos e nas normas ultrapassadas da CLT, ou mesmo em suas concepções ideológicas de como deviam ser as adequações. Novas leis foram aprovadas, um ou outro conceito foi atualizado, mas no essencial a CLT prevalece.

Os juristas que elaboraram a CLT nos anos anteriores a 1943 não previram e nem poderiam prever o surgimento de atividades, jornadas necessárias e profissões nas áreas de informática, comunicação, lazer e entretenimento, marketing, pesquisa, serviços terceirizados ou pessoais, serviços profissionais para idosos e deficientes, novas formas e cursos de educação e tratamento de saúde e tantas outras que apareceram ou se multiplicaram nas décadas seguintes. Não imaginavam que as profissões de carroceiro ou motorneiro (trabalhadores que dirigiam bondes) iriam desaparecer, que o transporte aéreo iria se tornar tão comum como o feito por ônibus interurbano.

Não obstante ser fato notório que a CLT está obsoleta, a obsessiva resistência na JT, no MPT, no MTE e em muitos sindicatos laborais impede sua atualização. Portanto, quem quer gerir um empreendimento tem que aprender suas linhas básicas, a forma como os juízes as interpretam e os demais órgãos públicos as usam, e enfrentar os obstáculos. Deve ainda levar em conta que é muito comum o juiz do trabalho atropelar a lei, com base em concepções sobre justiça social, que durante algum tempo chegaram a formar os fundamentos pelos quais se tentou implantar um "direito alternativo", em que a consciência do juiz valeria mais que a lei escrita.

Ainda que insuficientes e pontuais, uma mudança ou outra ocorreu, pequenas alterações impostas pela realidade. Quando surge uma nova lei, decreto, portaria, instrução normativa ou algo muda na jurisprudência, os *sites* e jornais publicam, a revista da entidade orienta, o advogado envia mensagens eletrônicas, associações mais dinâmicas organizam palestras explicativas. Cabe ao gestor atualizar-se.

A falta de mudanças estruturais significativas e o surgimento de novas normas nestes 70 anos passados transformaram a legislação trabalhista em um cipoal jurídico complicado, mas a obrigação do gestor é ficar atento, atualizar-se, esforçar-se por entender essa realidade, às vezes kafkiana. Deve ter sempre um advogado a quem recorrer quando não consegue definir qual o rumo a tomar, qual a melhor decisão. No mínimo, deve manter bom relacionamento com colegas, com quem possa trocar ideias e nivelar informações.

A situação chegou a tal ponto que, nas pesquisas sobre o que atrapalha o Brasil, feitas pelo Fórum Econômico Mundial de 2012, a "legislação trabalhista restritiva" ficou em 5º lugar entre os "fatores mais problemáticos para fazer negócios". Uma de nossas principais metas neste livro é mostrar que ela não prejudica apenas a empresa, mas também o trabalhador e o país, o que não será difícil.

O juiz e sua visão da empresa

Ao ser elaborada, a CLT previu o trabalhador como hipossuficiente econômico em relação à empresa, o que era flagrante no período em que ela foi criada. O trabalhador era o lado fraco no relacionamento ou na disputa com a empresa, precisava ver respeitados seus direitos, receber a remuneração pelo trabalho, imprescindível para atender necessidades básicas, suas e da família, motivo pelo qual, em litígios trabalhistas, a lei deveria favorecê-lo, buscando com isso obter um equilíbrio.

Tratava-se de uma verdade insofismável para a época, passadas umas poucas décadas da abolição da escravatura, e assim o juiz deveria ler a lei. Essa ainda é a leitura mais recomendável em muitos casos, porém grande parte dos litígios se tornaram mais complexos, a empresa se tornou patrimônio socialmente relevante, a produção econômica, importante para o país e para a qualidade de vida de sua população e a competitividade, para o estímulo aos investimentos. Assim, a visão simplista e maniqueísta, preto e branco, do juiz, tornou-se inadequada.

Não só a lei, mas a cultura que foi se formando na JT se tornou superada. Muitos juízes veem de um lado o empresário como um sujeito inútil, vil e frio, propenso a lesar os reclamantes e que não pensa em outra coisa que não no lucro. Por outro lado, o reclamante é sempre o lesado e o disciplinado, que conta a verdade. O juiz trabalhista aparece então para restabelecer a justiça, punir o mau. Se alguém duvida, basta ler os artigos publicados no *site* da Anamatra, que os juízes aceitam como sua entidade representativa.

Eles dificilmente veem no empresário, e são mais de 10 milhões de brasileiros (27 milhões, se incluirmos os autônomos), também um cidadão, às vezes um ex-trabalhador, uma dona de casa, um aposentado, um pai de família que poupou ou herdou economias e está arriscando esse pequeno e valioso patrimônio, gerando riquezas e empregos.

Pode até ser justo que a CLT continue considerando o trabalhador como hipossuficiente econômico, mas o juiz tem que ser neutro e não acentuar as tendências já manifestas na lei. Isto desequilibra a relação mais que o desejado pelo legislador e tem estimulado a proliferação de conflitos e reclamações, atualmente mais de dois milhões por ano, uma para cada vinte trabalhadores, uma por cada empresa e meia existente.

Por outro lado, a JT se tornou uma grande corporação e exige cada vez mais poder. Os juízes, que até anos atrás julgavam apenas relação de emprego, agora julgam qualquer relação de trabalho, questões envolvendo sindicatos, acidentes de trabalho e diversos outros litígios. Não poucas vezes inovam, criando condenações sem qualquer base legal, punindo empresas em valores delirantes.

Reconheça-se que, em muitos casos, a JT tem sido importante, protegendo o trabalhador e, consequentemente, a sociedade e o grau de civilização alcançado. Isso acontece quando pune empresários que, agindo com dolo, mesmo podendo, não cumprem suas obrigações mais elementares com o trabalhador, se conduzem como verdadeiros delinquentes. Isto foi recorrente no passado, quando da "acumulação primitiva de capital", quando o trabalhador era desinformado, não tinha sindicatos fortes, advogados competentes, mídias isentas nas notícias e tantos outros meios de defesa, e a cultura e os valores eram formados pela diferença entre a Casa Grande e a Senzala (hoje ainda muito forte no plano político). Essa situação desfavorável do trabalhador estava melhorando gradualmente, mas sofreu uma regressão pela repressão violenta a qualquer reivindicação durante a ditadura militar. Com a redemocratização do país, a situação do trabalhador voltou a melhorar.

A JT, por sua vez, em vez de acompanhar a redução dessas discrepâncias, foi radicalizando no favorecimento do reclamante. Em uma grande parte dos casos que julga atualmente, o faz com viés antiempresarial, de forma exagerada e injusta. Prejudica, assim, as empresas, o país e os próprios trabalhadores. É comum que beneficie um ou alguns deles que reclamam, mas prejudique dezenas de outros empregados em determinada empresa ou beneficiados por uma convenção coletiva.

Perceba-se que usamos reiteradamente expressões como *a maioria, uma minoria, em certos casos*, e outros termos que indicam relatividade, pois os juízes trabalhistas não são categoria monolítica, totalmente homogênea e imutável, não obstante a maioria ter afinidade ideológica manifesta, que, no conjunto, expressa nitidamente sua tendências. A Anamatra trabalha para que a identidade e a homogeneidade das decisões dos juízes sejam maiores do que já são e os reflexos são negativos, como demonstraremos.

Muitos juízes sabem do respeito que merece o empresário, especialmente o pequeno. Muitos são filhos de pequenos empresários e sabem o que seus pais sofreram, alguns têm no mínimo um parente ou amigo que experimentou os dissabores do mercado, da concorrência violenta e muitas vezes desleal, experiência pessoal que sempre vale mais que a leitura de dezenas livros.

Outros, mesmo sem experiências pessoais, mas com mais sensibilidade, reconhecem seus méritos, têm noção de que, para ser empresários, milhões de brasileiros, de todos os extratos, profissões, situações sociais, raças, origens, estados civis, economizam, deixam de satisfazer desejos, próprios ou da família, para poder investir, gerando impostos, empregos, desenvolvimento, produtos e serviços mais variados, de melhor qualidade e menor preço, resultado da concorrência no mercado. Estes julgam as causas com isenção, não olham o empresário como a parte que no processo representa o mal absoluto, o *lado escuro da força*, ainda que não consigam pagar seu funcionário, como manda a lei, e sejam "responsáveis pelo risco" decorrente do empreendimento. Outros ainda sabem distinguir entre a situação do empresário que fica à frente da empresa e as grandes multinacionais, onde só há administradores profissionais e mais recursos.

O trabalhador atual

Com o passar do tempo, o trabalhador melhorou sua situação social, cultural e econômica, organizou-se, ficou mais informado e protegido, especialmente nos últimos anos, após a redemocratização do país. Isso tem sido fácil averiguar na área política, onde a estabilidade democrática permitiu a um deles liderar movimentos nacionais, fundar um partido e chegar a presidente da República. Muitos outros venceram eleições e assumiram cargos como deputados, senadores e governadores de estados. Era fato impensável em 1943, quando a CLT passou a vigorar.

Na área econômica, nunca os trabalhadores em geral receberam parte tão significativa do PIB nacional, que tem crescido continuamente e nunca havia chegado ao volume atual. É bom para todos que essa tendência de crescimento do PIB e aumento da participação da classe trabalhadora se mantenha. Não há nesta condição qualquer contradição com as ideias que defendemos nesta obra. As empresas nacionais também ganham nesta situação. Toda empresa quer produzir mais produtos, com mais qualidade e menores preços, única forma de se firmar no mercado, e só escoará sua produção se tiver a quem vender, compradores, milhões deles, entre eles, formando a grande maioria, os trabalhadores.

Hoje em dia é comum o trabalhador se apresentar na reclamação em situação juridicamente vantajosa, especialmente quando, além do favorecimento da CLT e da JT, é assistido por um advogado de seu sindicato, em geral um ótimo profissional. Do outro lado, é comum encontrar um pequeno empresário enterrado em dívidas, inseguro e apavorado, nem sempre preparado para o enfrentamento, sem ter feito os muitos documentos exigidos pela legislação trabalhista, sem conseguir fazer com que os demais trabalhadores da empresa se prontifiquem a ir a juízo para falar que o colega que reclama não tem razão. A inferioridade jurídica existe, ainda que ele se faça acompanhar de seu advogado. Do lado patronal também há ótimos profissionais, mas o pequeno empresário nem sempre consegue pagá-los. Às vezes, ocorre até inferioridade econômica do pequeno empresário, nos litígios atuais. Não é incomum pequenos empresários tentarem entregar a empresa para pagar uma única dívida trabalhista, ou oferecer sociedade e o reclamante não aceitar, pois o resultado da reclamação tem valor superior ao da empresa (há dezenas de casos no setor de restaurantes, onde são comuns reclamações de valores superiores a R$ 100 mil, deferidas a reclamantes que trabalharam dois, três ou quatro anos na empresa).

No caso de prestação de serviços terceirizados, hoje muito comuns, a empresa prestadora é fiscalizada também pela tomadora, a empresa contratante, que terá que pagar as obrigações trabalhistas e previdenciárias se a prestadora não o fizer. Grandes empresas têm funcionários especializados para atender tantos fiscais e tantos controles. Somados aos exigidos pelo pagamento de tributos, encarecem fantasticamente os custos administrativos da empresa brasileira. O Brasil sempre está nos últimos lugares nas pesquisas que analisam "ambientes de negócios", "segurança jurídica", "burocracia", "custos administrativos", "tempo entre abrir e fechar empresas", entre outros. E isso precisa mudar, se queremos desenvolvimento econômico.

O risco trabalhista na empresa e suas consequências desastrosas

É fácil deduzir pelo já exposto que um dos maiores riscos que a empresa corre hoje em dia está nas reclamações trabalhistas, às vezes com valores extravagantes, que são ajuizadas pelos ex-funcionários.

Por mais esforço que faça o gestor, é impossível atender a legislação ou obter perfeição com relação a documentos normalmente exigidos pelos órgãos públicos de fiscalização e pela JT. Não poucas vezes, um juiz interpreta que o documento ou a conduta da empresa deve ser de um jeito e outro diverge e acha que deve ser de outro, o que, aliás, em boa parte explica os torrenciais casos de divergências na jurisprudência. Mesmo que a empresa atingisse a perfeição, ela não impediria reclamações, verdadeiro esporte nacional, tão popular quanto o futebol.

Quem se inicia na atividade empresarial, e não tem experiência anterior como funcionário ou executivo, deve tomar extremo cuidado para evitar passivos trabalhistas e reclamações ou, pelo menos, que elas se transformem num dispêndio violento de recursos. O empresário iniciante já tem que se preocupar com capital, concorrência, burocracia contábil e operacional, contratar e pagar fornecedores, fiscais diversos, locador, prestadores de serviços, atender o cipoal tributário, municipal, estadual, federal e previdenciário e tantas outras obrigações. As lides trabalhistas são mais um lodaçal onde ele pode se afundar.

Muitos veem o trabalhador como ele é, um ser humano, um parceiro, sentimento que muitas vezes é recíproco, mas logo encontrarão alguns deles na sala do juiz trabalhista e aprenderão que têm mais esse grande problema para ser cuidado: a JT. Depois de calejados por algumas reclamações, passarão a ter dúvidas se o trabalhador que está ao lado é um parceiro ou um futuro adversário a ser enfrentado na JT, um litigante contra sua empresa, pedindo sua punição. Na dúvida, muitos tratam a todos como futuros adversários, contribuindo para a deterioração do ambiente na empresa. Pagam por isso os empresários inseguros e os trabalhadores que pensam em vestir a camisa e não estão preocupados apenas com a futura reclamação.

O empresário inexperiente ou descuidado poderá perder o que investiu e tudo que juntou na vida, o que pediu emprestado ou recebeu como herança, o que tem hoje e o que vier a adquirir no futuro. Claro, o juiz quer forçá-lo a pagar o trabalhador, o risco é sempre do empresário. Mas pode-se imaginar o quanto é simplista essa visão, separada da evolução social e econômica que a sociedade precisa; o quanto pode prejudicar o país, desestimulando investimentos.

Se não há limites para o risco, não se pode separar uma parte do patrimônio e arriscar apenas essa parte em empreendimentos, preservando um mínimo para o futuro, quando a idade se fizer sentir, para dar alguma segurança ao cônjuge e filhos – melhor é não correr o risco, por o dinheiro no banco. E se todos fizessem isso?

Sem poupança e investimento, não há desenvolvimento econômico suficiente, fartura de empregos, de produtos com qualidade e preço. É preciso desatar esse nó que impede o país de acelerar seu crescimento: como dar garantia ao investidor honesto, que só quer arriscar parte de seu patrimônio, de que ele não o perderá todo e, de outro lado, como proteger seus trabalhadores e demais credores.

Não obstante, se, para os advogados na área trabalhista, a perfeição é impossível (é dom de Deus, deve o advogado explicar ao juiz), o gestor que quer ter sucesso deve procurar se aproximar desse ideal, minimizando os riscos.

Algumas formas pelas quais a JT prejudica o trabalhador pensando beneficiá-lo

A legislação trabalhista superada, agravada pelas interpretações e pela inflexibilidade da Justiça do Trabalho, prejudica a economia, o país, as empresas e até os trabalhadores. Vejamos alguns exemplos:

1- Prêmios em dinheiro concedidos ao trabalhador quando ele atinge uma meta ou a empresa está bem passam a ser considerados remuneração. As empresas acabam evitando-os, pois, se tiver um mau período, eles não poderão ser suspensos ou extintos. A mesma situação pode acontecer quando se faz concessões na convenção coletiva;

2- Em muitos setores, compradores ou potenciais sócios de empresas, para realizarem negócio, exigem a dispensa e acerto com os trabalhadores, principalmente os mais antigos, pois os vínculos com eles representam um passivo impossível de se calcular. Os proprietários também perdem, pois não fosse a imprevisibilidade, a empresa ou quotas poderiam ser vendidas por valor bem maior;

3- Igualmente, se a empresa está em dificuldade financeira, recuperação judicial ou existe pedido de falência, ninguém a compra ou adquire seus bens, mesmo uma marca valiosa, devido à impossibilidade de fazer acordos trabalhistas com os trabalhadores e/ou seus sindicatos, que sejam respeitados pela JT, ou à possibilidade de a compradora ser acusada de sucessora, e ter que responder pela dívida trabalhista;

4- O fornecimento de transporte direto pela empresa transforma em horas extras o tempo que o trabalhador leva para chegar até ela, tanto como o tempo que ele irá esperar por ele. Fica melhor para a empresa não fornecê-lo, em especial em cidades com trânsito congestionado;

5- A JT veta normas de convenções coletivas que permitem à empresa autorizar que o trabalhador bata o ponto até dez minutos antes do início da jornada e que ele fique em suas dependências até dez minutos depois, sem que seja contado esse tempo como hora extra. A empresa se defende, não permitindo que isso ocorra. O trabalhador é obrigado a ficar ou ir para a rua, sob chuva, ameaças de violência etc. Não pode esperar por alguém ou transporte em seu interior. Muitas empresas cancelam o café da manhã, pois o tempo dedicado a ele poderá ser considerado hora extra. Milhares de bares e restaurantes, por exemplo, são obrigados a por trabalhadores na rua, ao fecharem após meia-noite, obrigando-os a esperar ônibus nas calçadas até 5 horas da manhã (os transportes públicos não funcionam das 00h00 às 05h00);

6- Se a empresa paga um curso para alfabetização ou profissional para o trabalhador, esse valor poderá ser considerado como acréscimo na remuneração e as horas passadas no curso poderão ser consideradas extras, se ele declarar que foi forçado a fazer o curso fora do horário de trabalho. As empresas evitam pagar cursos;

7- Fornecer uma bolsa-escola para o filho do trabalhador pode ser considerada remuneração na JT, o que leva as empresas a evitar esse tipo de concessão;

8- Inúmeros outros benefícios também são restringidos devido a interpretações da JT: viagens internacionais, cartões de crédito corporativos etc.;

9- A JT não aceita ou dificulta acordos prevendo a redução de remuneração dos trabalhadores ou benefícios, mesmo quando previstos em convenções coletivas, e redução das horas de trabalho, fato que se tenta quando a empresa está em crise, para evitar demissões. Com isso, apenas apressa sua falência. Todos os envolvidos e o país perdem.

10- Os sócios que deixam as empresas são chamados como

responsáveis por débitos trabalhistas, às vezes até 15 anos depois de deixá-las. É muito comum que sócios que não desejam continuar nessa condição exijam a extinção das empresas, ao deixá-las; igualmente, muitos potenciais sócios deixam de adentrar empresas, aportar capitais, com medo de passivos trabalhistas ocultos. Basta ficar um mês como sócio na empresa para ser chamado a responder por reclamações que às vezes são de quinze anos passados ou até futuras; nada afugenta mais investimentos;

11- As reclamações que concedem valores delirantes a um determinado funcionário muitas vezes levam ao encerramento das atividades da empresa. Este sai ganhando, se conseguir penhorar os bens da empresa, valores da conta bancária ou do seu caixa. Perdem todos os demais. Às vezes até o que ganhou a reclamação, pois elas frequentemente são impagáveis e apenas liquidam a empresa. Uma pesquisa poderia mostrar muitos milhares de casos desse tipo;

12- Se um funcionário trabalha no período noturno e, por necessidade da empresa ou a seu pedido, tiver que se transferir para o diurno, ou a empresa o transfere com o adicional incluído na remuneração ou tem que demiti-lo, pois para a JT a remuneração não pode ser reduzida. Muitas empresas optam pela demissão devido aos custos ou problemas que podem ser criados junto aos demais trabalhadores, que ganham menos. O mesmo problema ocorre quando uma empresa sucede a outra: não pode flexibilizar remunerações, o que muitas vezes torna inviável a negociação; muitas empresas que poderiam produzir bens e manter empregos fecham as portas devido a esse obstáculo na sucessão;

13- Em muitas empresas é costume o consumidor dar gorjetas a funcionários, um prêmio pelo atendimento eficiente. Para a JT isso equivale a remuneração e incide sobre demais verbas, que são reclamadas na rescisão do contrato, tornando-se verdadeira bola de neve. Existem juízes que obrigam os empresários até a registrá-las em carteira. Muitas empresas, para se defenderem, apelam para que os clientes não deem gorjeta, informando que elas já estão incluídas na remuneração, e/ou proíbem funcionários de recebê-las, um prejuízo evidente para eles;

14- Muitos juízes trabalhistas consideram que, se o funcionário pode usar a internet para comunicações pessoais no computador da empresa, todo acesso ao mesmo feito por ela representa invasão da privacidade e gera condenação em dano moral. Resultado: as empresas proíbem o trabalhador de usar o computador para fins pessoais;

15- A JT restringe a terceirização; com isso prejudica milhares de trabalhadores informais, de menor alfabetização e experiência (às vezes o primeiro emprego), que só conseguem vagas em empresas que terceirizam serviços de limpeza, vigilância etc. As tomadoras desses serviços, sem condições de treinar mão de obra, quando admitem, exigem diplomas e experiência. Os mais despreparados, a grande maioria dos desempregados na economia informal, perdem essa oportunidade.

16- A JT considera que a comissão do vendedor deve ser paga segundo o preço de venda do produto e não segundo o pagamento efetuado pelo comprador, após descontos, prazo, pagamento parcelado. Resultado: muitas vendas deixam de ser feitas ou, no mínimo, são dificultadas;

17- Se o vendedor ou qualquer funcionário fica com o carro no fim de semana, seu uso é considerado remuneração. As empresas se defendem, impedindo esse uso;

18- Pequenas empresas são obrigadas a registrar, na carteira do trabalhador, os contratos de experiência, mesmo quando este não quer esse tipo de registro. Se ele não é aceito em definitivo, o registro dificultará a admissão em novo emprego;

19- A leniência com o reclamante que usa de má-fé na JT, principalmente ao pleitear o que já foi pago, multiplica as reclamações, desacredita a JT, prejudica a todos e ao país, faz com que essas reclamações fantasiosas sejam cada vez em maior número;

20- Quando declara inválidos os planos de demissão voluntária, obrigando empresas a pagar verbas suplementares ou até a readmitir trabalhadores, a JT dificulta uma solução acordada para empresas em crise, dificultando entendimentos futuros semelhantes, levando outras a fecharem as portas e estimulando empresas a demitir sem flexibilização ou atender parte dos trabalhadores para os quais deixar a empresa com propostas justas não é tão ruim;

21- A interpretação, segundo a qual impor metas a trabalhadores é assédio moral, ameaça não só as empresas, mas o próprio desenvolvimento do país. Todas as organizações, privadas ou estatais, devem ter metas, até a própria JT. É justa aspiração dos contribuintes e cidadãos: metas de produtividade e qualidade também no Poder Público; é justa a aspiração das empresas de que seus funcionários sejam produtivos;

22- Ao interferir a toda hora e considerar nulas cláusulas trabalhistas negociadas em convenções, a JT está cada vez mais reduzindo a autoestima, a confiança, a flexibilidade que trabalhadores e empregadores podem usar nas mesmas, prejudicando a ambos os envolvidos e desacreditando a negociação como solução de conflitos;

23- Igualmente, apenas estimula reclamações e prosseguimento dos litígios ao considerar sem valor os acordos feitos em comissões de conciliação prévia, arbitragem, no sindicato laboral e no MTE.

24- E na ida à JT o reclamante é obrigado a contratar advogado, que será remunerado com 30% do valor a ser recebido, o que nem sempre é necessário nas demais formas de rescisão: perde o trabalhador;

25- O viés antiempresarial gera insegurança jurídica e afugenta empreendedores, dificultando investimentos e consequentemente o desenvolvimento econômico, a criação de mais e melhores empregos, a produção de mais e melhores produtos e serviços, a serem oferecidos por menor preço.

26- Muitas vezes, essas decisões, que prejudicam amplas camadas de trabalhadores, decorrem de reclamações em que um único ou poucos deles são beneficiados (caso da gorjeta, quando um trabalhador insatisfeito reclama de uma cláusula da convenção coletiva e ela é anulada para todos ou nunca mais volta a ser aceita pelo lado patronal, por exemplo).

27- Não se pode ser contra a proteção a trabalhadores mais fragilizados, mas certas imposições podem prejudicar em vez de ajudar: no caso da súmula que prevê benefício de estabilidade de gestante em contrato de trabalho por tempo determinado, é inevitável que em contratos de prestação de serviços por curtos períodos, obtidos pelas empresas, elas evitem contratar mulheres. É assim com qualquer profissional que vai ficando mais caro do que o mercado aceita pagar. Esse mesmo fenômeno se observa com a doméstica, quando se tenta favorecê-la impondo mais ônus do que as famílias brasileiras podem suportar. Muitas as manterão na informalidade e muitas não as empregarão. Evidente que as concessões têm de ser graduais, conquistadas sempre nos limites impostos a quem deve pagar a conta, que, por sua vez, sempre se submete às leis da economia.

28- Quanto mais ônus para contratar e quanto mais ônus para demitir, menos estimulados se sentirão os potenciais empregadores, pessoas físicas e jurídicas, pequenas ou grandes empresas, a contratar;

29- Quanto mais os juízes fazem execuções recaírem sobre a residência, aposentadoria ou bens essenciais a condições mínimas de vida do empresário cuja empresa não deu certo, mais desestimulam outros a investir em atividades de risco e mais prejudicam a geração de empregos e o desenvolvimento econômico.

30- Quanto mais tornarem inflexível e vetarem a redução de um benefício concedido ao trabalhador na convenção coletiva, mais difícil o tornarão, pois as empresas, tanto como todas as relações econômicas, são dinâmicas. Não só empresas, mas toda a economia, ora vão bem e então é possível fazer concessões, ora vão mal e pode ser impossível mantê-las. Os ministros do TST lidam com benefícios como se a economia não tivesse qualquer relação com a realidade.

31- Se a empresa admite continuar mantendo um benefício ao trabalhador, previsto na convenção coletiva, mesmo após o término do prazo, este se incorpora e depois não pode ser retirado. Resultado: a empresa o retira tão logo termina o prazo.

Anomalias reveladoras da inadequação da legislação trabalhista e do superdimensionamento da Justiça do Trabalho

1 – São mais de 2,15 milhões de reclamações por ano, e crescendo sempre em vez de se reduzirem;

2 – São 1.645 reclamações ajuizadas anualmente para cada cem mil pessoas em São Paulo, uma média pouco menor para o restante do país;

3 – A cada dia, cerca de 10 mil novas reclamações são ajuizadas.

4 – Se admitirmos que temos aproximadamente 2 milhões de audiências trabalhistas por ano (número divulgado pela JT), com comparecimento médio de oito pessoas em cada uma delas (partes, advogados, duas testemunhas para cada parte), concluiremos que 16 milhões de brasileiros frequentam ou perdem horas de trabalho nos corredores e salas de audiência da JT, anualmente, sem contar funcionários, estagiários, juízes e demais profissionais;

5 – Todo brasileiro que se torna empresário e gera empregos, se conseguir manter suas portas abertas por mais de 2 anos, acabará tendo que se defender nas barras dos tribunais trabalhistas; se há exceções, são raríssimas e,

em compensação, centenas de milhares de pequenos empresários são "convidados" a responder a mais de dois processos por ano.

6 – São centenas de vezes mais litígios trabalhistas do que ocorre nos demais países do mundo;

7 – A maioria dos advogados formados atualmente encontra mercado nos litígios trabalhistas;

8 – A JT não existe na maioria dos países;

9 – No Brasil, já existem 1.418 varas, 3.867 juízes, 40.860 servidores, 24 tribunais regionais, além de um tribunal superior.

10 – Cada juiz é responsável por 1.260 processos de conhecimento e 1.192 de execuções, sem contar os que estão em arquivo;

11 – São remunerados com R$ 21.600,00 mensais, no início de carreira, e têm feito greves anuais pedindo reposição salarial. Isto pode influenciar nos julgamentos, pois sabidamente a maioria dos trabalhadores brasileiros é mal remunerada (um problema de mercado e não só de empresas).

12 – O orçamento destinado à Justiça do Trabalho cresce muito mais rapidamente que o do restante dos órgãos judiciais; em 2012 foi de R$ 13,5 bilhões;

13 – A JT despende quase 1/3 do valor total destinado a todo o Poder Judiciário brasileiro;

14 – O TST gasta 99,7% de seu orçamento com pessoal, o que significa que nada ou pouco sobra para sua modernização, informática etc.;

15 – Em 2011, o custo de cada reclamação trabalhista, para o erário público, foi de R$ 5,8 mil (dividindo o orçamento pelas reclamações ajuizadas);

16 – E, cerca de R$ 15 bilhões foram repassados pela JT aos trabalhadores em decorrência de execução de sentença ou acordo homologado; a média repassada a cada trabalhador é de R$ 7.000,00 por reclamação ajuizada (dos quais 30%, ou seja, R$ 2.100,00, serão pagos ao advogado).

17 – Portanto, o valor distribuído pela JT é pouco mais de 10% maior que o que ela gasta para funcionar no ano todo;

18 – A JT custa R$ 75,00, a cada brasileiro, por ano;

19 – A JT julga quase todos os litígios com base em uma lei aprovada na década de quarenta do século passado;

20 – Se dividirmos trabalhadores com carteira assinada por reclamações em 2011 (39,4 milhões por 2,15 milhões), concluiremos que um em cada 15 trabalhadores, aproximadamente, ajuíza reclamações trabalhistas anualmente, todos a cada 15 anos se fizermos o cálculo pela média;

21 – Uma empresa despende em média R$ 2,7 mil para se defender em cada reclamação trabalhista; como o custo para a JT funcionar é de R$ 5,8 mil e o trabalhador despende, em média, R$ 2,4 mil (perda do dia de trabalho dele e testemunhas, mais o valor a ser pago ao advogado), conclui-se que cada reclamação trabalhista custa um total R$ 10,9 mil.

22 – O custo total da reclamação é, pois, de R$ 10,9 mil no total para entregar ao trabalhador, em média, R$ 7 mil. Se com uma reforma trabalhista se conseguisse resolver como repassar diretamente essas somas, o país, as empresas e os trabalhadores economizariam bilhões. Boa parte dessa reforma poderia ser feita gradualmente, aprimorando a legislação, reduzindo o subjetivismo e, consequentemente, a litigiosidade;

O grande desafio do país, das lideranças de trabalhadores e empresários, mesmo de membros da JT que se sensibilizem com esses números, e o que propomos, é inverter a tendência de crescimento da litigiosidade, fazendo a reforma trabalhista.

A Justiça do Trabalho está superada, dizem os ex e o atual presidente do TST

Nos últimos anos do século XX e nos primeiros deste século, a Justiça do Trabalho cresceu continuamente e foi se tornando cada vez mais corporativa. Esse corporativismo pode estar impedindo manifestações de parte dos juízes quanto à manutenção da CLT e de interpretações superadas.

As divergências são visíveis nas declarações dos ex-presidentes do TST, quando saem do cargo, e não é crível que sejam vozes isoladas. São críticas acerbas à manutenção da CLT, às decisões antiquadas e engessadas, ao viés antiempresarial, à forma ultrapassada como os juízes se agarram a velhas fórmulas, como se fosse possível julgar causas envolvendo trabalho em robótica, computação, instalação e trabalho em plataformas marítimas, aeronáutica, biotecnologia, turismo e tantas outras com leis e conceitos de meados do século passado, quando essas atividades e profissões sequer existiam.

A cultura, a ideologia política e os interesses corporativos da JT têm início na manutenção da CLT, que, por sua vez, foi elaborada devido à situação precária e insegura vivida pelos trabalhadores naquela primeira metade do século XX, mas agora mantida intocada pelos interesses de lideranças de trabalhadores, e também da organização do judiciário trabalhista como um todo. Essa visão é bem representada pela Anamatra, a poderosa associação que representa os juízes nesse ramo do judiciário e exerce função preponderante em termos ideológicos, no interior da JT.

Entre os mais recentes ex-presidentes do TST que podem ser citados como dissidentes da cultura vigente nessa área da Justiça, temos Almir Pazzianoto, Milton de Moura Leal e Vantuil Abdalla. Como explicar que esses magistrados, mais velhos, experientes, emocionalmente maduros, inteligentes, lideranças expressivas, tenham divergências tão nítidas com a ideologia hegemônica na máquina? E que só digam o que pensam após deixarem seus cargos? A nosso ver, justamente a cultura opressiva e corporativa, imposta por parte expressiva de juízes, representados principalmente pela Anamatra.

A novidade, porém, é que o atual presidente, ministro João Oreste Dalazen, não esperou sair do cargo para falar o que pensava.

Concedeu exemplar entrevista ao jornal *O Globo*, de 15 de julho de 2012. Em resumo, o ministro afirmou na entrevista que:

a. a lei "engessa relação entre patrão e empregado";
b. é "excessivamente detalhada e confusa";
c. "está cheia de lacunas"
d. "deixa muito a desejar"
e. não deveria ter "cunho exclusivamente protecionista, como é hoje"
f. o que "gera insegurança jurídica";
g. e "inevitavelmente seu descumprimento";
h. "favorecendo crescimento das reclamações trabalhistas";
i. "consequentemente, a necessidade de mais juízes, mais cartórios..." (mais dinheiro público e mais poder, acrescentamos nós);
j. que o ponto eletrônico é "impraticável, mais um entrave à atividade das empresas" (acrescentamos: sequer é imposto por lei, mas a JT decidiu a seu favor todas as ações judiciais contrárias à portaria que impôs esse equipamento estúpido, poluidor, inútil, caro etc., a que até as lideranças dos trabalhadores se opunham);
k. que é preciso "que se abra um campo de negociação entre capital e trabalho" (acrescentamos: tudo que os juízes negam-se a permitir na prática);
l. que "o modelo já se esgotou, se mostrou insatisfatório";
m. que deveria haver "mais liberdade para sindicatos negociarem", pois eles conhecem a realidade em que vivem;
n. e pergunta: que utilidade teria contratar aprendizes para "cortarem cana ou empacotar produtos em supermercados";

o. que a União é quem suporta a "máquina pesada" da JT.

Literalmente, lemos na entrevista que a CLT deve ser reformada:

"Primeiro, porque é uma regulação rígida e fundada na lei federal, que praticamente engessa toda relação entre patrão e empregado; segundo, é excessivamente detalhista e confusa, o que gera insegurança jurídica e, inevitavelmente, descumprimento, favorecendo o aumento de ações na Justiça; e terceiro, está cheia de lacunas. O mundo e a sociedade evoluíram. Tudo mudou, exceto a legislação trabalhista".

O ministro continua, afirmando que "é necessário reduzir a litigiosidade, atenuar o rigor da CLT, encontrar novos meios de regulamentar relações de trabalho, tudo que a JT atualmente não faz".

De fato, acrescentamos nós, as interpretações dos juízes apenas aumentam a litigiosidade (reclamações crescem a cada ano), não admitem flexibilidade nas relações de trabalho, interpretam a lei com mais rigor e protecionismo que ela admite, favorecendo aventureiros tanto do lado dos empregadores como do lado dos reclamantes, na medida em que iguala a todos e perde agilidade e prestígio. Como dito acima, cada juiz tem cinco vezes mais processos para conduzir do que seria desejável para acompanhar e julgar, sendo prejudicados pela própria ideologia da máquina.

Continua o ministro, afirmando que é preciso "agilizar a solução dos conflitos, diminuir a litigiosidade e atenuar o rigor da CLT, que gera hoje situações desconcertantes. É preciso que se abra campo para uma negociação entre o capital e o trabalho. De imediato, além de suprirmos as lacunas, pois em vários pontos a legislação é omissa, deveríamos revisar e atualizar a CLT para permitir, pelo menos, uma ampliação da autonomia dos sindicatos para negociar com as empresas sob determinadas condições. Eles são os interlocutores que melhor conhecem a realidade econômica e social e poderiam fixar normas apropriadas e adequadas para determinados segmentos".

Ora, como veremos no decorrer desta obra, a JT tem acentuado a tendência no sentido contrário. Nunca como atualmente as formas de solução individual de conflitos e as convenções coletivas foram tão desprestigiadas, atacadas, desmoralizadas.

Quando perguntado sobre se o governo pode ser forçado a mexer na CLT, respondeu Dalazen: "O que se vê hoje é esse imobilismo do Estado em promover a reforma, voltar-se contra o próprio Estado sob a forma de milhões de novas ações trabalhistas a cada ano, que só oneram a máquina pública. À medida que se propõem novas ações, faz-se necessário o crescimento no número de cargos e salários para juízes e servidores, prédios, varas, tribunais. Não surpreende que o Brasil seja o campeão mundial em processos trabalhistas. Só no ano passado, a Justiça recebeu 2,15 milhões de novos processos. Esse modelo já se esgotou e mostrou-se insatisfatório".

Mais uma afirmação preciosa. O erário público, municipal, estadual e federal, está entre os mais prejudicados pelos julgamentos, em especial no combate ideológico à terceirização. São milhares os profissionais que entram terceirizados para trabalhar em órgãos públicos e acabam ganhando fortunas. Os presidentes dos órgãos legislativos em todos os níveis desculpam-se nos jornais por estarem pagando acima do teto legal definido para muitos funcionários, obrigados por decisões da JT. Fabricam-se marajás a partir da aplicação burocrática de direitos trabalhistas. Reclamantes expertos trabalham três meses aqui e três meses acolá e vão reclamando a soma de benefícios de cada cargo aos adquiridos anteriormente.

Portanto, bem visto o que expomos neste livro, há muito pouco de diferente do que pensam os ex e o atual presidente do TST. Mais informações podem ser obtidas na internet, principalmente nos artigos de Almir Pazzianoto. Por sua vez, a cultura e ideologia que prevalecem na JT podem ser vistas no site da Anamatra. A entrevista completa do ministro está em www.maricatoadvogados.com.br.

Nem se diga que os juízes, através de interpretações, não poderiam mudar esse quadro. Alguns, surpreendidos com os absurdos, defendem-se dizendo que apenas aplicam a lei. Na justiça estadual e federal cível, os juízes também aplicam a lei, mas atendem aspirações de seu tempo. Mesmo décadas antes de extinta a pena, ninguém condenava adúlteros à prisão; mesmo antes de ser aprovada a lei, os juízes já admitiam o direito de meação da companheira, filhos adotados podiam assumir o nome da família, empresas protestadas podiam pedir recuperação judicial etc. Grande parte dos juízes trabalhistas só inova ou apenas apela aos princípios gerais de direito quando é para confirmar a CLT, sua rigidez e seu atraso.

2 COMO EVITAR RECLAMAÇÕES TRABALHISTAS E LEVAR A BOM TERMO AS EXISTENTES

Para ter sucesso no mercado, a empresa deve evitar reclamações, fazer bons acordos ou ganhar as propostas contra ela; as rescisões podem ser na empresa, no MTE, nas comissões de conciliação prévia e arbitragem, mas só têm valor definitivo se forem realizadas na JT.

Como evitar reclamações

Segundo empresários, executivos e consultores bem sucedidos, o maior ativo que uma empresa pode ter são seus funcionários. Eles é que formam o diferencial decisivo para o sucesso. Evidente, pois, que toda empresa invista em seus trabalhadores, para prepará-los, aperfeiçoá-los, forjar equipes, criar clima e ambiente de trabalho agradável. Mas, como fazê-lo em meio a tanta desconfiança, a tantos atrativos que resultam da demissão (FGTS, aviso prévio quando indenizado, seguro desemprego, adiantamento do pagamento de férias e 13º, e verbas que podem ser obtidas com a reclamação trabalhista). No entanto, não há outra alternativa. A empresa pode até se prevenir reunindo meios para se defender das reclamações, mas também deve se esforçar e investir nos trabalhadores, única forma de enfrentar o mercado e a concorrência, de atender com excelência o cliente, de evitar a perda de talentos e o altíssimo custo da rotatividade.

Nesse sentido, em meio a tanta instabilidade, a melhor forma de evitar reclamações começa pelo correto recrutamento, seleção e treinamento contínuo, pelo trabalho de motivação dos funcionários, pela capacitação para trabalho em equipe e até pela transformação do funcionário em cidadão e, se ele já tem essa consciência, aprimorando-a. Um cidadão está sempre pensando em crescer e não em reclamação, respeita quem o trata com justiça. Só teremos um país desenvolvido e justo quando tivermos um povo de cidadãos, empresários e trabalhadores em especial.

A empresa deve fazer com que ele vista a camisa, cumpra suas funções com dedicação, aprimorando seus conhecimentos e criando outros. O objetivo de toda empresa é simples e difícil ao mesmo tempo: produzir mais, com mais qualidade e melhores preços. Para tanto, precisa controlar e, sempre que possível, reduzir custos, aumentando a competitividade. Se o corpo de funcionários é o fator determinante do sucesso, ele também pode ser causa da falência ou de encerramento de fato das atividades, quando mal escolhido, mal preparado, mal acompanhado, desmotivado, contrariado com o tratamento recebido.

Se as reclamações trabalhistas existem até no primeiro cenário, o positivo, com mais razão elas se tornam comuns no segundo e devem receber extrema atenção. Quando se multiplicam, contribuem para a desestabilização e dispêndio de recursos, com a deterioração do clima, da confiança que deve existir entre gestores e trabalhadores. Reclamações no país, repetimos, acontecem mesmo que o empresário seja um santo e tenha dois ou três funcionários tratados como discípulos. Sempre é bom que o advogado lembre aos juízes que o empresário era antes um trabalhador, um estudante, um aposentado, um executivo, para que ele o olhe com um mínimo de consideração e não como mais um infrator, apenas. O juiz pode estar propenso para um lado em decorrência de uma lei superada, não obstante, é humano e não custa tentar sensibilizá-lo. Não é um computador que responde automaticamente às questões postas.

A forma de evitar reclamações, insistimos, começa na contratação de funcionários. Contratá-los por empresas especializadas sempre é bom, mas as pequenas empresas não têm recursos suficientes. É preciso que o gestor, nas empresas menores, tenha algum conhecimento nessa área. Daremos noções muito simples e básicas em um capítulo específico.

Como ganhar ou fazer acordos nas reclamações existentes

Já que nem sempre é possível evitar reclamações, temos que estudar como nos preparar para enfrentar as que acontecerem, inclusive, se possível, extingui-las, fazendo acordo com o reclamante.

Para não perder reclamações é relevante que o gestor observe tudo que já foi dito acima, esteja atento e documente fatos mais importantes na relação com os trabalhadores, tente manter um clima positivo no ambiente de trabalho, se necessário intervenha demonstrando atenção, respeito, reconhecimento e, quando for o caso, aja com rigor e senso de justiça, mantendo a disciplina. Os trabalhadores devem ser vistos como parceiros e colaboradores, ou então algo está errado e a relação deve ser alterada ou extinta.

Se receber notificação da existência de reclamação, deve procurar por advogado, discutir com ele a contestação, o preposto, as testemunhas, fornecer documentos etc. Essa providência deve ser tomada o mais rápido possível, ainda que faltem muitos dias para a audiência. Quanto mais rápido, melhor os fatos podem ser lembrados, melhor podem ser descritos na contestação, mais fácil é a busca de documentos ou escolha de testemunhas.

Na audiência, a empresa deverá apresentar-se através do próprio empresário ou de preposto, acompanhado de advogado. O preposto deve ter em mãos carta de preposição e contrato social. São documentos que devem acompanhar a contestação, que também deverá ser entregue, se não ocorrer acordo. Tendo mais tempo, a empresa poderá sair atrás de um documento ou testemunha, nem sempre fácil de encontrar. O advogado, por sua vez, deve trabalhar com seriedade cada reclamação, agir com dedicação e eficiência em cada etapa do processo, fazer a contestação impugnando uma a uma as alegações e os pedidos do reclamante, juntando documentos que fundamentem suas afirmações, protestando por mais provas a serem feitas durante a fase de instrução do processo.

Em situações em que a empresa não tem provas que deem consistência à sua contestação, recomenda-se pensar em outra estratégia que não a manutenção do enfrentamento. Ser bem flexível nas tentativas de acordo, principalmente.

O acordo pode ser feito antes da audiência, durante sua realização, depois dela, até a sentença, ou depois ainda, até o final, a qualquer tempo. Se a sentença foi dada e é desfavorável à empresa, um acordo pode se tornar mais exequível se a empresa apelar. Haverá um tempo, entre seis a dez meses, em média, no país, um pouco mais em São Paulo, até o julgamento do recurso. Nesse tempo, porém, o reclamante pode executar a sentença até a penhora e avaliação do bem penhorado. O leilão desse bem e o pagamento do reclamante, porém, terão que esperar pela decisão do recurso.

Tanto antes da sentença como depois, no tempo que perdura até a decisão do recurso, ou até durante a execução, tanto o reclamante como a empresa sabem que correm riscos. Uma sentença pode ser reformada por um acórdão do tribunal, a execução poderá ser frustrada pela falta de bens a penhorar, às vezes até pela quebra da empresa. Cabe aos advogados, nesses casos, analisar as possibilidades contra e a favor das partes, para saber fazer propostas que sejam coerentes com a situação de seus clientes, discutindo com eles as diversas possibilidades.

O advogado explica, do ângulo jurídico, as vantagens e desvantagens de se propor ou aceitar acordos. Os valores têm muita influência. A decisão de fazer, aceitar ou rejeitar propostas de acordo, no entanto, quem toma é a empresa e o trabalhador. Ninguém melhor que eles para saber o que lhes convém, analisando riscos e benefícios com base nas explicações dadas. O juiz também deveria entender isto, mas há alguns que se opõem a determinados acordos, mesmo aceitos pelos reclamantes e seus advogados. Alguns por autoritarismo, outros por paternalismo pretensioso, outros ainda por acharem que algo foi pago "por fora" e as partes tentam lesar o fisco e a previdência. Não obstante, nos últimos anos, os órgãos superiores da JT têm insistido em campanhas de conciliação, visando reduzir a reclamações em andamento. Constata-se uma contradição. A JT as estimula, depois tenta reduzi-las.

Mesmo depois de iniciado o processo de execução, pode-se tentar acordo. Evidente que, depois de ter uma decisão que lhe é favorável, o reclamante se tornará mais exigente. Por sua vez, se ela for favorável à empresa, esta poderá fazer propostas em melhores condições, mas sempre levando em conta o risco de ver a decisão reformada. Este risco, na JT, quase sempre existe.

Se o acordo é feito antes da primeira audiência, a empresa economiza tempo, preocupação e recursos. Não precisa enviar ao fórum, para perderem geralmente uma tarde inteira, preposto, testemunhas e advogado. Este poderá reduzir seus honorários, já que perderá menos tempo. Se for profissional da empresa, poderá usar esse tempo para outras atividades. O custo médio de uma reclamação que termina em primeira instância é de R$ 2.240,00. Se houver recurso chega a R$ 3.240,00.

Se a empresa ganha a ação, ainda assim gastará R$ 3.100,00, pois só economizará os R$ 140,00 referentes às custas.

Se perder, despenderá uma média superior a R$ 12 mil, pois o valor será acrescido da valor arbitrado da condenação, em média R$ 7 mil, mais verbas tributárias e previdenciárias. O custo total para o país, pelas 2,15 milhões de reclamações, chega a cerca de R$ 23 bilhões, como demonstraremos detalhadamente adiante. Se a empresa percebe que o reclamante tem razão, em alguns pontos que seja, deve insistir no acordo, podendo procurá-lo regularmente para tentar terminar o litígio. Ele pode recusar em um determinado dia, mas mudar de ideia logo depois. A predisposição depende de muitos fatores: às vezes, por necessitar fazer uma reforma na casa, outras, por querer comprar um carrinho melhor ou um computador, ou ainda por esperar a chegada de um filho ou ser acometido de uma doença, por querer fazer a viagem de seus sonhos ou simplesmente voltar para sua terra, assistir o Corinthians disputar Libertadores no Japão, comprar um Iphone para a filha etc. Isto torna o valor proposto no acordo importante e desejado nesses momentos. Às vezes, é o reclamante que procura a empresa e, nesses casos, exceto em situações excepcionais, deve prevalecer o espírito de compreensão e tolerância. Interessa a ela também a solução do litígio.

Há casos em que a empresa é que está em situação difícil, fato muito comum entre as pequenas e micro. Pesquisas do IBGE têm confirmado outras feitas pelo Sebrae: quase metade delas não chega ao terceiro ano de vida. Nas ocasiões em que enfrentam dificuldades, não podem propor um bom acordo ao trabalhador, mas, passada a fase difícil, se passar, podem melhorar a proposta e tentar novamente. Os advogados do reclamante, por sua vez, devem tomar cuidado ao desaconselhar acordos, especialmente com pequenas empresas, pois, se hoje elas estão abertas, amanhã poderão ter desaparecido. Deve-se levar em conta que a situação econômica do trabalhador não se assemelha à de um advogado.

Os advogados devem ser procurados pelos clientes quando um deles quer tentar o acordo. É mais ético do que uma parte procurar a outra diretamente. Um advogado jamais deve procurar o cliente de outro advogado. Se procurado diretamente pela outra parte, não deve discutir qualquer proposta ou solução. Tem que esclarecer que só atende seu advogado, ou que só conversa com ele se seu advogado autorizar. Se o advogado de uma parte procurar diretamente pela outra, que sabe ter advogado, estará cometendo uma imperdoável infração ética e tanto as partes como o outro advogado podem denunciá-lo na OAB – Ordem dos Advogados do Brasil. O empresário e o trabalhador devem desconfiar desse tipo de profissional.

Há situações, porém, que o contato direto é quase que inevitável. Se o trabalhador procura a empresa, se envia recado por algum colega que se mantém funcionário, se alguém da empresa o encontra em algum evento e conversa sobre a possibilidade de acordo. Nesse caso, acertado um valor, reclamante e reclamada devem procurar seus advogados para formalizar e homologar os termos acertados na JT. Um advogado ou o juiz jamais poderão objetar se as partes chegam a acordo e decidem por fim à lide, exceto em casos muito excepcionais, onde transparece coação, fraude ou algo parecido. Os advogados podem, no entanto, cobrar honorários, como avençados.

Há casos em que o acordo pode não ser recomendável. Para a empresa, por exemplo, em situações que o reclamante não tem razão alguma e/ou cometeu graves infrações durante a relação de trabalho. Premiar um mau funcionário pode estimular outros a fazerem o mesmo. Lembramos mais uma vez que no tratamento dos empregados a empresa deve agir com critérios de justiça, claros e transparentes. Se foi injusta, melhor é reconhecer, fazer acordo, desculpar-se. Isso engrandece em vez de diminuir. Porém, se tem razão, foi agredida, prejudicada dolosamente, deve litigar.

Não faltam ocasiões em que é o reclamante que está em situação de superioridade moral e jurídica, recusa-se a fazer acordo e com razão, por ter sido maltratado pelo empresário ou algum executivo. Nesses casos, ele poderá até exigir indenização por dano ou assédio moral. Para evitar situações como essa, insistimos que a empresa respeite o trabalhador, exija que seus superiores e colegas o tratem com justiça, preservando sua dignidade, sua saúde, sua personalidade, suas fragilidades, um ou outro vício de conduta pessoal, pois muitos são perfeitamente admissíveis. Há muitos trabalhadores que reclamam mais por se sentirem ofendidos do que para obterem valores pecuniários. Para evitar fatos como esse, os superiores devem estar sempre exercitando a sensibilidade, atentos, para saberem do que ocorre no convívio de seus trabalhadores, no interior da empresa, das relações entre eles e deles com seus superiores, até com fornecedores e clientes. Há uma diversidade de gênios, culturas e condutas entre pessoas e o relacionamento e as ações do gestor devem sempre levar em conta as características de cada trabalhador.

Por sua vez, é importante saber que, em caso de acordo, a empresa tem que recolher o INSS devido por ela (20%) e pelo trabalhador (11%). Este último porque o trabalhador, se tiver que pagar, irá aumentar o valor líquido que deseja receber na mesma proporção. No total, é quase 1/3 do que será despendido.

Nas decisões judiciais, o trabalhador é que tem que pagar seus 11% e, conforme o valor a ser recebido, o imposto de renda.

Rescisão do vínculo no Ministério do Trabalho ou no sindicato laboral

A rescisão do contrato de trabalho com funcionários pode ser feita diretamente na empresa ou no seu contador, quando ele tem menos de um ano de existência.

Se o contrato durou mais de um ano, a rescisão deve ser no sindicato laboral ou no Ministério do Trabalho. Estes não podem se negar a proceder à formalidade se a empresa se propõe a pagar as verbas aparentemente devidas. Convém que as empresas ofereçam sempre as verbas ditas incontroversas, caso contrário poderão ser condenadas a pagá-las com multa na JT. Se o trabalhador propõe reclamação, o empresário deve oferecê-las na 1ª audiência. Com ou sem razão, após a rescisão o trabalhador poderá ir à Justiça do Trabalho, tão logo deixe o sindicato ou o MTE.

Este é outro nó nas relações trabalhistas: rescisões de contrato que têm pouca ou nenhuma utilidade. Ocorrendo a demissão, caso o trabalhador não aceite as verbas oferecidas, a empresa poderá esperar pela reclamação trabalhista ou propor ação de consignação em pagamento, depositando o valor que julga devido em juízo.

Na JT, o juiz receberá a reclamação, independente do que aconteceu na empresa, no sindicato, no MTE. Como dito, isso não acontece em juízo cível. Se ocorrer a venda de um burrico, uma velha bicicleta, um barraco na favela, e estiver documentado por escrito, com preço mínimo que seja, a pretensão do insatisfeito será repelida, ele provavelmente será condenado por má-fé, exceto se provado que houve fraude, coação ou algo parecido. Na JT a reclamação é acolhida e tudo recomeça do zero, inclusive a tentativa de acordo. O juiz desconsidera apenas as verbas realmente pagas, se elas forem pleiteadas novamente. Pode até ser justo que na JT haja mais rigor com relação a acordos extrajudiciais, mas desconsiderá-los por princípio não é a melhor forma de resolver o problema. É como se nada tivesse acontecido e, não por outra razão, muitos empresários pedem a funcionários dispensados, ou que pedem demissão, que reclamem na JT, procurando obter rescisão com segurança jurídica. É mais um estímulo ao aumento das reclamações.

Para fundamentar suas decisões, os juízes dizem que os pagamentos de verbas trabalhistas são cogentes, de interesse público, sobre as quais os particulares não podem dispor como lhes convém. Acrescentam que salários tem caráter alimentício, são irrenunciáveis, que trabalhadores fazem acordos por serem hipossuficientes. No entanto, exageram. Em muitos casos, estão defendendo sua esfera de poder, as prerrogativas que julgam ser de sua corporação, prejudicando as partes, interferindo onde não devem, desestimulando acordos extrajudiciais.

Comissões de Conciliação Prévia e Arbitragem

A CCP – Comissão de Conciliação Prévia foi criada por lei para dirimir litígios trabalhistas, sem a necessidade de se ir à JT, e existe lei prevendo a possibilidade de se usar a arbitragem para qualquer tipo de conflito.

As CCPs podem ser formadas por membros indicados pelos sindicatos patronais e laborais e até por grupos de empresas e trabalhadores. A tentativa do legislador era estimular acordos extrajudiciais. Devido à desconfiança e também ao corporativismo de juízes e de membros do MPT e, em alguns casos, de abusos cometidos por sindicatos, desde que foram instaladas, foram combatidas. No início tiveram reduzidos seus poderes, depois quase todas foram extintas ou tiveram inviabilizado seu funcionamento.

A União e o INSS nesse caso contribuíram para o enterro. Reclamavam que nunca eram contempladas nas rescisões das CCPs, pois os sindicatos e partes queriam chegar a um acordo, se preciso fazendo concessões aos interesses da empresa e do trabalhador. Na JT, o juiz age como advogado da União e exige verbas previdenciárias e tributárias. No entanto, a União economizaria bilhões se as CCPs fossem mantidas e o país, outro tanto. Haveria mais acordos, menos litígios, envolvendo menos juízes, menos membros do MPT, menos perda de tempo para todos. Empresas e trabalhadores devem lutar pela volta das CCPs, ainda que com poderes apenas para conciliar casos mais simples, centenas de milhares, nos quais a Receita Federal e o INSS não têm valores significativos a perder ou então esses órgãos podem reclamar posteriormente e por vias próprias o que julgassem lhes ser devido.

A arbitragem também tem enfrentado oposição na JT. Muitas vezes, o juiz a aceita, mas para funcionários de alto nível, que não podem ser considerados hipossuficientes. Estes, ao contrário, são muitas vezes dirigentes de empresas, trabalhadores intelectuais, que percebem remunerações milionárias. Seria até estranho tratá-los como simples funcionários, hipossuficientes, não obstante isso aconteça em algumas reclamações. Os juízes negam a pretensão de executivos desse nível que tentam anular contratos ou arbitragens e se fazem passar por simples funcionários. Se o contrato prevê arbitragem como solução de possível litígio, o juiz tende a exigir que o executivo a procure, antes de ajuizar reclamação, e só volte se a empresa se recusar à arbitragem ou se ela for visivelmente irregular. Um juiz pode considerar má-fé a assinatura do contrato em que o executivo aceita autonomia pensando nos benefícios que terá não sendo trabalhador subordinado e os que depois pleiteará como se fosse um deles.

Os acordos na CCP e os obtidos por árbitros são desconsiderados na JT, especialmente se valores pagos estão distantes do que tem direito o trabalhador. Também nesses casos, o juiz só considera quitadas as verbas pagas e todas as demais reclamadas serão objeto de apreciação e decisão judicial, se não houver novo acordo. Portanto, observe-se, só pode haver segurança no acordo se feito perante o magistrado ou, no mínimo, se aprovado e homologado por ele.

Há casos nos quais o juiz concorda em que as partes aumentem o valor das verbas indenizatórias e reduzam os das remuneratórias, para diminuir verbas previdenciárias e fiscais a serem pagas, visando obter acordos. Nesse caso, ele também usa de bom senso, razoabilidade.

Rescisões e acordos considerados inválidos se feitos fora da JT, tornaram comuns as "casadinhas", ou seja, situações em que a empresa, depois de fazer um acordo com o trabalhador quando de sua dispensa (às vezes, até em casos em que ele pede demissão), paga tanto seu advogado como indica e paga um para o funcionário, este para iniciar a reclamação e o da empresa para simular uma contestação. Ambos levam o acordo já ajustado à audiência e então a empresa tem segurança jurídica.

Algumas vezes, tenta-se a composição até mesmo antes da audiência: o advogado contratado para o reclamante ajuíza a inicial e logo depois as partes fazem uma petição informando que se compuseram. A empresa promete o pagamento de um certo valor e pede a homologação do acordo e a extinção da reclamação. Há juízes que consideram a "casadinha" ilegal e não aceitam acordos feitos através delas. Outros mandam tirar cópias dos autos e pedem abertura de inquérito na Polícia Federal ou procedimento disciplinar na OAB, contra os advogados. Mas muitos outros os consideram válidos, posição a nosso ver mais inteligente, pois as partes são maduras e é preciso reduzir o número de reclamações em andamento. Existem também os que os consideram válidos, mas oficiam o INSS e a Receita Federal, para tomar conhecimento e exigirem verbas que porventura lhes sejam devidas.

Uma outra luta das entidades, tanto empresariais como laborais, deveria ser, pois, pela validade dos acordos obtidos no sindicato laboral, no MTE, na CCT e em arbitragem, pelo menos quando ficar claro que não houve coação ou ilegalidade e sempre que os valores não forem muito discrepantes do que é aparentemente correto.

Os juízes alegam que não podem deixar de receber reclamação tendo em vista o disposto no inciso XXXV, do art. 5º da Constituição, que prevê o direito de acesso ao Judiciário por quem se julga lesado em seus direitos. No entanto, o acesso deveria ser o direito de pleitear e a pretensão repelida de imediato quando ficar provado ter sido feito um acordo em parâmetros razoáveis, dentro de órgão público ou do sindicato laboral. É o que acontece nas demais áreas da justiça, mesmo quando as partes, ou uma delas, são pobres e até analfabetas. Isto reduziria o número de reclamações muito mais que semanas nacionais de conciliação.

3 O PROCESSO TRABALHISTA, FASES, AUDIÊNCIA, RECURSOS, TRIBUNAIS

Começo, meio e fim da reclamação trabalhista; a inicial e a contestação; audiências, decisões, recursos, depósitos e custas; a importância e o preparo dos prepostos e das testemunhas; as provas documentais e outras possíveis; os fantásticos riscos da revelia e da confissão; a possibilidade do acordo; o processo sumaríssimo; causas, início e tramitação da reclamação trabalhista; o custo da reclamação para a empresa, para o trabalhador e para o país.

Todo gestor ou advogado de empresa, mesmo especializado em outras áreas, deve ter noções básicas da legislação e do processo trabalhista, que sempre serão úteis para definir estratégias, orientar a empresa, acompanhar o trabalho do advogado externo e auxiliá-lo com informações, sugestões, documentos e na tomada de decisões.

A reclamação individual se inicia quando o trabalhador é lesado ou se julga lesado na relação com a empresa, às vezes por simples oportunismo, outras vezes até por má-fé. Depois de deixar a empresa, ele tem dois anos de prazo para propor a reclamação. Pode também reclamar de alguma punição que julga injusta ou de algum direito negado pela empresa, mesmo continuando a trabalhar nela. Passado esse prazo, sua pretensão de reclamar prescreve, ou seja, ele perde o direito de reclamar, de ir a juízo.

Por sua vez, quando ajuíza a reclamação nesse prazo, até dois anos, pode pedir os direitos que julga não lhe terem sido pagos ou deferidos, por até cinco anos antes dessa data. Os direitos adquiridos e não pagos, que ultrapassem os cinco anos, prescreveram. Para dar um exemplo, um ex-funcionário que sai de uma empresa no dia 10 de dezembro de 2012 tem até 9 de dezembro de 2014 para propor reclamação. Se ele entra com reclamação no dia seguinte àquele em que saiu, tem direito de reclamar pelo que deixou de receber cinco anos antes, ou seja, desde 10 de dezembro de 2007. Se ajuíza a reclamação em 9 de dezembro de 2014, pode igualmente, pleitear direitos não pagos dos cinco anos anteriores, portanto, os vencidos desde 10 de dezembro de 2009 até a data de saída em 2012. Neste caso, como dois anos são passados desde que ele deixou a empresa, só poderá pleitear o que não lhe foi pago pelos últimos três anos em que trabalhou. A partir de 10 de outubro de 2014, seu direito de reclamar estará prescrito, nada mais poderá pleitear. Há um prazo para ajuizar a reclamação e outro para reclamar os direitos decorrentes da relação de emprego.

Nas reclamações, é comum que reclamantes exagerem os direitos e valores e pleiteiem até verbas já pagas. De um lado porque, no ajuizamento da reclamação, o reclamante não é obrigado a pagar custas e, mesmo que perca, não é obrigado a pagar honorários e, também, não será obrigado a pagar custas, mesmo perdendo, se for pobre, o que é alegado e aceito em mais de 90%

dos casos. Em uma ou outra reclamação, pode ser condenado por má-fé, mas é muito raro. Ele quase sempre sai ganhando, como já explicamos, no mínimo uma pequena parte do que reclamou. De outro lado, reclama valores elevados porque o exagero assusta muitos empresários, especialmente os pequenos, acostumados a ver a Justiça como algo muito sério, onde não se permite mentir desbragadamente, e um empresário assustado fica muito mais disposto a fazer um bom acordo.

Muitos reclamantes sequer conhecem essa tática, mas ela é sugerida ou levada a cabo por iniciativa do advogado. Estes se defendem dizendo que devem fazer o melhor por seus clientes ou que imoral é a empresa não pagar o que deve ao trabalhador.

Uma outra vantagem das reclamações de valores astronômicos está na possibilidade de a empresa cometer algum erro: faltar ou chegar atrasada à audiência, vir desacompanhada de advogado, o preposto não trazer carta de preposição, o advogado não contestar item por item etc. Nesses casos, muito provavelmente o juiz acolherá todo o pedido e será muito difícil a empresa reverter a situação. Certa vez, enquanto esperava por audiência em que deveria atuar, ouvi o magistrado comentar, durante a audiência anterior à minha, que a defesa da empresa se limitava a generalidades. O advogado disse que iria fazer provas na audiência de instrução e o juiz o informou que aquela audiência já era de instrução, como constava da notificação. Todos que estavam na sala olharam com pena tanto para o advogado como para seu cliente. Não havia como salvá-los. O advogado perderia o cliente e, se tinha consciência profissional e sentimento, iria ficar muitos dias sem dormir e poderia, ainda, ter que responder a ação de indenização proposta pelo cliente.

O trabalhador pode pleitear sem advogado na JT, comparecendo pessoalmente ao fórum trabalhista, onde receberá as informações necessárias. Ou, se quiser advogado e não tiver condições econômicas de contratar e pagar, pode procurar por um nos sindicatos, em associações de proteção ao trabalhador, em departamentos jurídicos de faculdades de direito ou na procuradoria estadual. Eu mesmo comecei a conhecer o mundo das

Como evitar reclamações trabalhistas – e levar a bom termo as existentes

reclamações em 1973, quando fui admitido no departamento jurídico do Centro Acadêmico XI de Agosto. Trata-se de um órgão criado para atender a população pobre e onde os futuros advogados adquirem experiência incomum, pois tratam diretamente com os clientes. Fui eleito diretor geral, cargo em que atuei por dois anos, o que possibilitou acompanhar pelo menos uma centena de reclamações de clientes trabalhadores e também intervir em outras ações dos colegas. Depois que me formei, fui advogado orientador voluntário e então analisava reclamações e ajudava os estagiários a propô-las. Só depois de muitos anos, passei a defender também as empresas, após experimentar na pele as agruras pelas quais passava um pequeno empresário e ver o outro lado da história.

Não faltam advogados para o trabalhador nas proximidades dos fóruns. Nas grandes cidades, há "paqueiros" (pessoas contratadas por advogados para arrebanhar clientes) nas ruas mais movimentadas, com camisetas ou placas onde está escrito "reclamação trabalhista". Alguns carregam dupla indicação: onde se compra ouro e onde se faz "reclamação trabalhista".

Há "paqueiros" que ficam nas esquinas ou proximidades de grandes empresas, tentando convencer os trabalhadores a reclamarem, dando-lhes cartões de advogados. Ganham um valor fixo e outro por cada indicação que der resultado, ou seja, em que o trabalhador procura o advogado. Há casos também de advogados que compram a reclamação, ou seja, pagam uma soma ao trabalhador, que lhe cede os direitos relativos à mesma. Elas se tornaram um bom negócio. Antes que algum advogado indignado me denuncie à OAB, posso dizer que faço esta afirmação por conhecer muitos desses trambiques dentro da própria Ordem. As seccionais da Ordem dos Advogados tentam combater essas práticas, mas elas se disseminam mesmo assim, tal a força adquirida no mercado.

Quando jovem advogado, trabalhei muitos anos na Comissão de Ética da OAB de São Paulo, em processos contra esses advogados, mas foi impossível conter o crescimento da infração. Oportuno lembrar também que fui da Comissão de Prerrogativas e então volta e meia era convocado a ir a delegacias para dar assistência jurídica a advogados que tinham a prisão decretada por juízes trabalhistas. Um delegado me disse que era rara a semana em que não tinha casos desse tipo. Há juízes extremamente prepotentes e que requerem prisão ou abertura de inquérito contra advogados, partes e testemunhas, por motivos comezinhos, sem que os superiores os recolham para cargos em que não teriam tanta oportunidade de ser arbitrários. Os cidadãos, no entanto, partes, advogados, testemunhas, não devem temê-los; ao contrário, devem exigir respeito a seus direitos, especialmente os advogados, vítimas rotineiras e que às vezes temem reagir e, com isso, prejudicar o cliente.

Na maioria das vezes, o reclamante recebe indicação de colegas, o que é mais ético e seguro, ainda que empresas protestem por terem advogados que parecem se especializar em fazer reclamações contra elas. Existem advogados que estimulam clientes a convencer seus colegas de trabalho a reclamar quando há motivo, mas, na maioria dos casos, o advogado procurado conseguiu uma boa indenização para algum ex-funcionário e este, agradecido, voluntariamente convence seus colegas a reclamarem. O volume de reclamações será então proporcional aos direitos trabalhistas sonegados pela empresa ou à ausência de uma cultura positiva.

Do lado das empresas, ocorrem situações em que a ética é também vitimada. Há advogados que tudo fazem para isentar seus clientes de condenações, não importando a ilicitude dos meios. Sabemos que a concorrência é grande, mas há que se preservar a dignidade e a ética profissional.

Advogados de sindicatos, jurídicos de faculdades ou associações não podem cobrar honorários e só devem atender clientes pobres ou associados, quando trabalhando nesses órgãos. O advogado particular cobra em geral 30% do valor líquido obtido para o reclamante e alguns somam até mesmo os demais benefícios, para calcular honorários. Um exemplo é o pagamento do INSS pela empresa, que o trabalhador não recebe, mas não deixa de ser benefício. Em compensação, quando a reclamação é vultosa, 10% podem ser satisfatórios. No dia que escrevia estas páginas, os jornais noticiavam que Ronaldinho Gaúcho estava reclamando R$ 55 milhões do Flamengo e poderia haver um acordo de R$ 35 milhões.

Enfim, ao decidir reclamar, o trabalhador procurará por advogado, este ouvirá sua história e fará a petição inicial. Nesta, colocará o nome das partes, os fatos, os fundamentos jurídicos e o pedido, pleiteando as verbas e demais direitos em que ele teria sido lesado. A partir daí, ele será chamado de reclamante e a empresa de reclamada. Se ele for trabalhador terceirizado, um faxineiro ou manobrista que trabalhou em várias empresas, o advogado pode relacionar todas elas como reclamadas, cinco, dez ou vinte mesmo, até lugares onde ele trabalhou um único dia. O objetivo pode ser causar constrangimento para a empresa prestadora de serviços e obrigá-la a fazer acordo rapidamente. Apesar do tumulto na sala de audiência, o juiz irá fazê-la, como se isso fosse normal e não um abuso de direito e um desperdício inadmissível de recursos.

A essa petição, o advogado irá juntar uma procuração do reclamante, assim como todos os documentos que ele possuir para provar o que alega. Não é raro o empresário levar um susto, ao constatar que o reclamante juntou documentos que poderiam ser úteis para a reclamação, desde o primeiro dia de emprego, muitos anos antes (cópias de cheques ou boletos bancários provando gratificações, por exemplo). Findo o trabalho, irá protocolar a petição na JT, onde ocorrerá a distribuição para uma das varas judiciais.

A reclamação deve ser ajuizada na cidade onde está a empresa ou onde está o fórum trabalhista mais próximo, mas tem sido comum que o trabalhador, depois de deixá-la, qualquer que seja o motivo, volte para sua cidade de origem e nela proponha a reclamação, afirmando que foi contratado ainda quando nela residia. Nesse caso, a CLT prevê que ele pode reclamar nessa cidade e a prova pode ser um amigo (não pode ser *amigo íntimo* ou pelo menos ele só será ouvido se disser que não é íntimo) que testemunhe e confirme que o fato ocorreu, que o reclamante atendeu um telefonema ou recebeu um telegrama da empresa nesse local, contratando-o. Também é forma de obter um bom acordo, pois é possível imaginar quanto gastará ou a insegurança que sentirá um empresário de São Paulo ou do Rio tendo que se defender de uma tremenda reclamação trabalhista no sul do Pará ou em uma cidadezinha do interior de Rondônia.

Na maioria das vezes, no entanto, a reclamação é mesmo na cidade onde a empresa tem sede. O cartório da vara onde é protocolada a petição a recebe e envia ao juiz, que, observando se está tudo em ordem, a recebe, determina providências burocráticas, marca uma data para a audiência e manda notificar a empresa para comparecer nessa data, quando deverá apresentar a contestação, se assim desejar ou não houver acordo antes.

Contestação, reconvenção, ações contra o reclamante

A contestação deve ser feita com todo cuidado, respondendo uma a uma as alegações da inicial e juntando as provas porventura existentes, além de protestar por outras, não disponíveis, mas que deverão ser feitas durante o processo. Nada impede que o advogado faça considerações mais amplas, se a empresa está em crise ou sobre sua responsabilidade social ou ambiental, suas ações filantrópicas, o que ajuda junto a alguns juízes. Todos os argumentos, todos os documentos, pelo menos os existentes, devem constar da contestação. Alegações posteriores podem ser desconsideradas, tanto como documentos que já se possuía e não foram juntados.

O advogado deve dividir as contestações mais longas em títulos e subtítulos, usar negrito, sublinhar afirmações, aumentar as letras de certos argumentos, no sentido de chamar a atenção do juiz para eles.

Se o reclamante alega ter sido dispensado imotivadamente e a empresa o fez por justa causa, a contestação deve ter um título dedicado a este item, detalhando a versão da empresa, destacando que determinado documento juntado, se existir documento, prova ser justificada a demissão. Se na inicial ele reclama que não recebia horas extras e a empresa as pagava, estas devem ser contestadas em subtítulo próprio, no título sobre verbas reclamadas. Sempre que houver prova de afirmações mendazes, convém chamar a atenção para a má-fé, que pode merecer um título próprio ao final. O advogado da empresa não pode se esquecer de que seu colega, advogado do reclamante, tem o direito de fazer o mesmo. Ambos devem ter cuidado com afirmações inverídicas, pois, se uma delas for desmascarada, poderá contaminar e enfraquecer todos os demais argumentos, especialmente quando houver dúvidas. Afinal, se mentiu em um dos itens, como não desconfiar que mente nos demais? E como não merecer condenação por má-fé?

Deve-se esclarecer ainda que a previsão de condenação por má-fé pode ocorrer pela conduta no processo e não pelo que fez o reclamante na empresa, se mentiu sobre algo, por exemplo. Na empresa, se causou algum prejuízo no qual está claro o dolo ou culpa grave, pode ser acionado, mas em ação própria. O advogado pode tentar propô-la como reconvenção, mas o juiz pode não aceitar, alegando diferenças. Na reclamação, muitas verbas podem ser líquidas e certas, tem caráter alimentício; na indenização tudo precisa ser provado, a empresa não precisa ter pressa. O problema é que, em muitos casos, a ação da empresa demora e, depois de pago o reclamante, fica difícil executar a sentença obtida na indenização.

Na reclamação manifestamente improcedente, na qual o reclamante é que deve algum valor para a empresa, ela pode pedir compensação de determinadas verbas ou, se for o caso, quando, por exemplo, a soma devida à empresa é maior que o devido ao reclamante, ajuizar reconvenção. A reconvenção é uma ação do réu (no caso, a reclamada) contra o autor (no caso, o reclamante), apensada no mesmo processo, possível quando as partes divergem sobre quem tem razão e deve ter seu pedido atendido, sobre um mesmo fato. Ambas serão decididas juntas. Na sentença, o juiz decidirá primeiro a ação e depois a reconvenção. O reclamante pode, por exemplo, pedir a condenação da empresa por ter sido ofendido moralmente e a empresa, em reconvenção, pode pedir o contrário, ou seja, explicar que foi o reclamante quem lhe dirigiu ofensas e/ou lhe causou prejuízos e pedir indenização.

A empresa também pode ajuizar ações independentes contra o funcionário ou ex-funcionário, em várias situações, como, por exemplo, em caso de danos materiais ou morais causados por ele ao agir com culpa ou dolo; para consignar valor devido e que o trabalhador se recusa a receber; para pedir abertura de um procedimento administrativo visando dispensar funcionário estável por justa causa; para declarar que determinado direito pleiteado inexiste. Afinal, a JT serve para receber, processar e julgar litígios decorrentes das relações de trabalho e em nenhum lugar está escrito que deve receber só as que interessam ao trabalhador.

O uso de má-fé

A questão do uso de má-fé é regrada no Código de Processo Civil, usado pela Justiça do Trabalho, mas com muita parcimônia. Diz o Código que:

Art. 14. São deveres das partes e de todos aqueles que de qualquer forma participam do processo:

I - expor os fatos em juízo conforme a verdade;

II - proceder com lealdade e boa-fé;

III - não formular pretensões, nem alegar defesa, cientes de que são destituídas de fundamento;

IV - não produzir provas, nem praticar atos inúteis ou desnecessários à declaração ou defesa do direito.

V - cumprir com exatidão os provimentos mandamentais e não criar embaraços à efetivação de provimentos judiciais, de natureza antecipatória ou final.

Parágrafo único. Ressalvados os advogados que se

sujeitam exclusivamente aos estatutos da OAB, a violação do disposto no inciso V deste artigo constitui ato atentatório ao exercício da jurisdição, podendo o juiz, sem prejuízo das sanções criminais, civis e processuais cabíveis, aplicar ao responsável multa em montante a ser fixado de acordo com a gravidade da conduta e não superior a vinte por cento do valor da causa; não sendo paga no prazo estabelecido, contado do trânsito em julgado da decisão final da causa, a multa será inscrita sempre como dívida ativa da União ou do Estado.

Note-se neste dispositivo que ele excetua o advogado dessa condenação. O item V, por sua vez, prevê até mesmo possíveis sanções penais ao infrator.

O Código continua no art. 17:

Art. 17. Reputa-se litigante de má-fé aquele que:

I - deduzir pretensão ou defesa contra texto expresso de lei ou fato incontroverso;

II - alterar a verdade dos fatos;

III - usar do processo para conseguir objetivo ilegal;

IV - opuser resistência injustificada ao andamento do processo;

V - proceder de modo temerário em qualquer incidente ou ato do processo

VI - provocar incidentes manifestamente infundados.

VII - interpuser recurso com intuito manifestamente protelatório.

Art. 18. O juiz ou tribunal, de ofício ou a requerimento, condenará o litigante de má-fé a pagar multa não excedente a um por cento sobre o valor da causa e a indenizar a parte contrária dos prejuízos que esta sofreu, mais os honorários advocatícios e todas as despesas que efetuou.

§ 1o Quando forem dois ou mais os litigantes de má-fé, o juiz condenará cada um na proporção do seu respectivo interesse na causa, ou solidariamente aqueles que se coligaram para lesar a parte contrária.

> § 20 O valor da indenização será desde logo fixado pelo juiz, em quantia não superior a 20% (vinte por cento) sobre o valor da causa, ou liquidado por arbitramento.
>
> Como muitos litigantes que têm justiça gratuita praticavam atos de má-fé, o Tribunal de Justiça de São Paulo aprovou a Súmula 27: "A gratuidade da justiça não abrange o valor devido em condenação por litigância de má-fé". Entendimento semelhante pode ser pleiteado na Justiça do Trabalho, pois justiça gratuita não é Carta de Corso, ou seja, não pode ser usada para atos desonestos.

A audiência, a tentativa de acordo e o papel do preposto

Na audiência, a empresa deve ser representada por preposto e ele tem de ter conhecimento do fato a ser discutido, deve vestir-se adequadamente e comparecer acompanhado por advogado, e com os documentos já citados. O advogado deve levar a contestação, não obstante possa ditá-la na hora. Se o preposto não demonstrar conhecimento dos fatos, o juiz poderá decretar a confissão. É mais prático entregar a contestação já com a procuração, carta de preposição e contrato social. Por este, o juiz verá se quem assinou a procuração e a carta de preposto tem poderes para tanto. Nas grandes empresas, o preposto deve ser funcionário registrado. Nas micro e pequenas (e demais, tipo MEI – Micro Empreendedor Individual etc.), o registro é desnecessário, mas o preposto deve estar sempre munido de carta de preposição. Quanto menor a empresa, mais comum é a representação pelo próprio empresário, pois preposto sempre tem um custo e as decisões a serem tomadas, o valor de um acordo, por exemplo, podem ser questão de sobrevivência do negócio.

A empresa deve dar muita atenção à audiência trabalhista, pois ela é decisiva para o juiz tomar uma decisão e esta sempre influenciará os magistrados das instâncias superiores. O processo trabalhista, mais do que os que tramitam na esfera cível, valoriza muito as provas orais. Recomenda-se que preposto e testemunhas sejam preparados, que a contestação seja lida e relida, antes de ser entregue, que todos, preposto, advogado e testemunhas, cheguem pelo menos meia hora antes ao Fórum. Além de evitar o risco da revelia e da confissão, pode-se, nesse tempo, rememorar tudo que deve ser dito, ou começar a tentar o acordo antes de se entrar na sala do juiz.

Há entre os juízes uns poucos que admitem até 15 minutos de atraso das partes, mas outros decretam a revelia e confissão da empresa por um único minuto ou logo após a segunda chamada, cinco minutos depois do horário marcado. O TST já confirmou decisão que decretou a revelia de uma empresa que chegou um minuto atrasada, por onde se percebe a prepotência, a intolerância, o viés antiempresarial que enfatizamos. O reclamante pouco perde se chegar atrasado, pois pode propor por mais duas vezes a mesma reclamação e, em geral, é isento de pagar custas, exceto se estiver empregado e sua remuneração for elevada. O juiz pode atrasar até cinco ou seis horas para atender as partes. A micro empresa pode ser condenada a verbas equivalentes à "pena de morte" se seu proprietário cometer a heresia de chegar alguns minutos atrasado.

Iniciada a audiência, o juiz tenta, às vezes, cansativamente, conciliar as partes, fazendo com que cheguem a um acordo que ele julgue razoável. Pressiona a reclamada a pagar uma soma que seja aceita pelo reclamante ou que este aceite o valor oferecido pela reclamada, sempre objetivando extinguir a reclamação; na maioria das vezes tenta conciliar as partes com propostas intermediárias. Nessas horas, cabe às partes e seus advogados terem paciência e habilidade. Não se age muito diferente na compra um automóvel ou uma casa. Cada parte valoriza seus argumentos e procura diminuir os do adversário. Do lado da empresa, é comum que o preposto, ao sair, receba instruções sobre o limite até onde pode chegar para obter um acordo. No entanto, também é comum que o juiz, depois de ler a reclamação, insista para que ele ofereça um valor maior. Não é raro que até insinue com a possibilidade de condenação em valor bem mais elevado. O preposto inexperiente ficará tenso, pois, se ultrapassar o limite dado, estará desobedecendo e, se não oferecer um pouco a mais, poderá ver a empresa condenada em valor bem mais elevado e ser criticado pela falta de sensibilidade e inteligência. Nessas horas, o advogado deve agir como conselheiro, dividir a responsabilidade. Juízes mais tolerantes permitem ligações telefônicas para a empresa, visando ampliar a proposta de acordo.

Mesmo empresas pequenas podem ter um preposto experiente e tranquilo, que saiba como se conduzir nesses momentos, quando não se tem muito tempo para refletir. O correto é o preposto e o empresário discutirem detalhes antes da ida à audiência, possibilidades, alternativas, cada parágrafo da reclamação feita pelo reclamante, calcular o valor mínimo e máximo que pode ter a condenação, pois na audiência podem surgir novidades, ou o juiz pode tomar decisões ou sinalizar com condenações rigorosas. Justo, pois, que se permita certa liberdade ao preposto para que ele possa tomar decisões, improvisar novas linhas de conduta e reduzir o risco da condenação em valores bem maiores que os possíveis de serem pagos por acordo.

Se for prestar depoimento pessoal, o preposto tem que falar o mínimo possível, limitando-se a responder a perguntas, só se estendendo se estiver absolutamente certo de que passará informação favorável à empresa. O juiz ouvirá primeiro o reclamante e o preposto ficará do lado de fora da sala. Depois o chamará para depor. As partes não podem falar a não ser nessa oportunidade ou então se forem inquiridas pelo juiz. Podem falar com o advogado, de forma muito discreta, mas nunca na hora de depoimento pessoal.

O depoimento do preposto, em geral, só pode servir contra a própria empresa, da mesma forma que o depoimento do reclamante só pode servir contra ele mesmo. Há raras exceções, quando o depoente, preposto ou reclamante passam confiabilidade ao juiz, inspiram simpatia, aparentam contar a verdade e esta é tecnicamente favorável às suas teses. Os advogados farão perguntas à parte contrária, tentando confundi-las ou fazer com que se contradigam e confessem o que interessa a seu cliente. Um único "não sei", sobre fato relevante, pode ser considerado suficiente para o magistrado repelir a pretensão de quem o pronuncia.

Se for o empresário que comparece, ele tem de ter as mesmas qualidades já citadas para o preposto. Não obstante ter maior flexibilidade para decidir, não é raro que ele se deixe conduzir pela emoção e acabe provocando um desastre. A emoção é péssima conselheira nessas horas. Se previr muita emoção e contrariedade, por parte do empresário, o advogado deve aconselhá-lo a enviar um preposto. Não se pode esquecer, no entanto, que o preposto pode ter relações de amizade com o reclamante e ficar constrangido na hora de depor. Se o advogado é sócio da empresa, pode tentar ser preposto e advogado, mas há juízes que se opõem e é bom lembrar que sócios advogados também podem ser desestabilizados por emoções.

O juiz tem muito interesse na conciliação, pois elimina mais um processo em sua vara. Ele tem que apresentar números que indiquem sua produtividade aos superiores; é grande a pressão para que os processos sejam julgados na mesma proporção com que são ajuizados. Se não houver conciliação, o juiz terá de ouvir as partes e testemunhas, dar a sentença, o que ocupará seu precioso tempo por várias horas. Da sentença poderá haver recursos, o que exigirá trabalho do tribunal, mais um motivo por que os magistrados de segunda instância, especialmente os que têm cargos de administração, apreciam quando os juízes de primeira instância conseguem extinguir o maior numero possível de reclamações por acordo.

A audiência trabalhista é una, mas muitos juízes as desdobram em duas assentadas (duas sessões), uma primeira de conciliação e, se não houver acordo, entrega da contestação e demais documentos; outra em dia que marcará, para instrução, ou seja, de produção de provas, quando o juiz ouvirá primeiro as partes, depois as testemunhas.

Reitere-se que um acordo razoável pode ser bom não só para o juiz, mas também para ambas as partes. O reclamante sai com determinado valor ou o receberá a curto prazo. Seu advogado recebe ou receberá os honorários e deixa de trabalhar na causa. A empresa passa a ter um problema a menos, a pasta vai para o arquivo morto e seu advogado pode se considerar aliviado, dedicar-se à próxima lide. Justo, pois, que as partes façam concessões e se esforcem sinceramente, visando esse fim, se o acordo não prejudica outros interesses mais abrangentes. Lembremos que, para a empresa, além do risco de a decisão lhe ser adversa e mais rigorosa que o esperado, a reclamação poderá durar anos para chegar a seu final e sobre o valor, corrigido, incidirão juros de 1% ao mês. Em quatro ou cinco anos, o valor que poderia ter sido pago no acordo pode dobrar ou até ser multiplicado várias vezes, sem falar das despesas com o advogado, da necessidade de acompanhamento pelo departamento pessoal, de contingenciamento de recursos para a provável condenação.

Terminada a audiência de instrução e não havendo outras provas a serem produzidas (perícias técnicas ou contábeis, diligências, vistorias e inspeção judicial), as partes podem fazer alegações finais em determinado prazo ou no ato e o juiz também pode levar os autos para julgar ou fazê-lo no ato, ditando a sentença para ser digitada. Nesse caso, as partes já saem com cópia da decisão e começa a correr o prazo para recurso da que ficar insatisfeita.

No processo sumaríssimo, quando a reclamação é de valor inferior a 40 salários mínimos, a tramitação é bem mais rápida. Ele acaba sendo vantajoso para os reclamantes que preferem se ater a valores abaixo desse limite, em vez de tentar a sorte para obter sentenças fabulosas, elevando as verbas. Também prejudica menos as empresas, pois, além de estimular reclamações mais realistas e, com isso, reduzir os riscos de condenação a valores delirantes, encerra-se mais rapidamente, deixando de preocupar e ocupar os pequenos empresários ou, no caso das grandes empresas, os departamentos de recursos humanos e jurídico. Finalmente, contribuem para que a própria Justiça do Trabalho tenha menos processos entulhando prateleiras dos cartórios, graças à rapidez da tramitação.

A importância da testemunha na Justiça do Trabalho

A testemunha costuma ser a prova mais comum e a mais decisiva na Justiça do Trabalho. A parte e seu advogado devem discutir detalhadamente quem deve ser testemunha, os limites em que se pode influenciá-la sem cometer crime, o que esperar do depoimento, quem pode ser e o que dirão as testemunhas da parte contrária.

Testemunhas não podem ser amigas íntimas da parte, pois nesse caso a parte contrária poderá impugná-las. O fato de a testemunha ter ou ter tido reclamação contra a mesma empresa não leva o juiz a considerá-la suspeita. A empresa pode levar funcionários como testemunhas, mas se houve agressões ou fato mais grave envolvendo-as, a suspeição poderá ser arguida.

Levar várias testemunhas à JT às vezes impressiona a parte contrária e a predispõe para um acordo. Há casos em que o advogado pode estar sendo necessário em outra audiência e ouvir várias testemunhas de cada lado pode levar horas. Até mesmo as partes e o juiz irão se esforçar um pouco mais para obter um acordo e evitar ouvi-las. O juiz, principalmente, pois do lado de fora de sua sala costuma haver dezenas de pessoas esperando impacientemente por outras audiências. Ele as marca a cada 10 ou 15 minutos, tempo suficiente para se concluir um acordo. Mas se o acordo não ocorre e é necessário ouvir as partes e testemunhas, a audiência demorará, não raro, duas, três ou mais horas.

A parte pode levar em reclamações comuns até três testemunhas. Pode também apelar para o Código de Processo Civil, que admite três testemunhas para cada fato a ser provado, o que se justifica em casos mais complexos, de grande valor. Nas reclamações comuns, se uma delas já for crível e as afirmações que interessam também são confirmadas por documentos, as demais podem ser dispensadas.

Se a testemunha não quer comparecer espontaneamente, a parte deve providenciar, no prazo dado pelo juiz, que ela seja intimada a comparecer obrigatoriamente, sob pena de condução coercitiva. Nesses casos, se ela não comparecer, a audiência tem de ser adiada e na próxima vez ela será conduzida até pela polícia se necessário e se for encontrada. Há casos em que a parte pode adiar até duas ou três vezes a audiência, usando essa prerrogativa, mas é sua obrigação indicar onde encontrar as testemunhas. O juiz irá julgar do mesmo jeito se ela não comparecer uma terceira ou quarta vez. Outro fato que costuma adiar o desfecho de uma reclamação é ouvir testemunhas de outras localidades ou então certas autoridades que podem marcar a data para serem ouvidas.

Muitas vezes se tem o documento, mas é importante levar a testemunha, pois a outra parte pode levar alguma para dizer, por exemplo, que o tal documento foi obtido mediante fraude ou coação. A comprovação de sua veracidade por outra testemunha se torna fundamental.

Por sua vez, é preciso atentar para o fato de que testemunhas intimadas para comparecer compulsoriamente podem ser evasivas e omissas. Mas existem trabalhadores que pedem para ser intimados a comparecer como testemunhas da empresa, pois se o fizerem espontaneamente poderão ser criticados tanto pelo reclamante como pelos demais funcionários. Assim mesmo, sempre há um ambiente de constrangimento quando as partes e testemunhas se encontram na sala de espera da vara.

É decisivo fazer com que as testemunhas sejam firmes e convictas com relação ao que sabem, de forma a impressionar o juiz.

Também é importante ter na empresa pelo menos alguns funcionários mais confiáveis e fazer com que estes testemunhem fatos determinados e que devem ser provados futuramente. Se eles já tiveram conhecimento dos mesmos, devem ser chamados como testemunhas presenciais. Muitas vezes, é possível obter a testemunha sem que ela saiba de sua importância em determinada situação e da finalidade para a qual é chamada. Por exemplo, se o administrador vai advertir um funcionário e desconfia que ele vai reagir e ofendê-lo, alguém pode ser colocado na sala ao lado sob pretexto de esperar por alguma providência ou como se estivesse fazendo algum serviço. Uma faxineira limpando os livros, um auxiliar de escritório ou alguém que esteja por perto pode escutar e então haverá uma testemunha, se a agressão de fato ocorrer; ela na maioria das vezes será decisiva para o deslinde da causa.

O reclamante pode conseguir testemunhas entre seus companheiros, especialmente quando estes também estão revoltados com a empresa ou entre ex-funcionários. Ele pode intimar funcionários da empresa, que devem então comparecer e serão obrigados a falar a verdade perante o juiz. Mais uma vez se percebe a importância da cultura positiva, do respeito ao trabalhador, da habilidade e senso de justiça do gestor. Como já exposto, também a empresa pode mandar intimar funcionários, se julgar necessários seus depoimentos e eles não quiserem comparecer voluntariamente.

Em princípio, uma testemunha levada a juízo tem que falar o que sabe e nada mais. É evidente que ninguém escolhe testemunha que falará contra as teses que defende e os pleitos que faz.

Se a testemunha nada sabe, o advogado deve dispensá-la. Pode tentar levar testemunhas, porém, que digam que tais práticas, como as que o reclamante diz terem ocorrido com ele, inexistem na empresa. Se a testemunha sabe por ouvir dizer, foi informada por outra pessoa, que não está disponível, pode ser levada à audiência. O juiz, no entanto, poderá recusar-se a ouvi-la. Cabe ao advogado alegar cerceamento de defesa no recurso, se perder, mas o fato é que o juiz conduz o processo e tem esse poder.

O advogado ou a parte jamais podem pedir a sua testemunha para mentir, mas podem conversar com ela, enfatizar certos fatos e assim contribuir para que suas teses saiam vitoriosas na causa.

Há uma longa distância entre pedir que a testemunha minta e conversar com ela, relembrar, destacar, considerar como de maior importância determinados episódios, para que sejam ressaltados em juízo. A testemunha não deve decorar afirmações, argumentar, derramar-se em elogios à parte, pois perderá credibilidade. Melhor é relatar fatos, demonstrando espontaneidade. Há um campo possível de ser trabalhado, que pode ser decisivo, sem ser ilícito. Aliás, é conduta que também o advogado da parte contrária e o juiz assumem quando fazem perguntas, procurando elucidar este ou aquele detalhe de um depoimento da testemunha. Eles minimizam algum fato em sua fala, realçam outros, pedem mais informações sobre eles, tentam forçar a testemunha a lembrar com mais detalhes do que julgam relevante; a parte, para favorecer seu cliente, e o juiz, para formar seu convencimento. Trata-se de um hábil jogo de xadrez, que existe também nos juízos penal e civil.

Ao mesmo tempo em que procura enfatizar e fixar na testemunha verdades que interessam, o advogado pode deixar de lado outros episódios que não lhe interessa que sejam lembrados. Dizer que algo é secundário não é convencer a testemunha a mentir, nem mesmo a omitir.

A testemunha pode meter-se em situações embaraçosas perante o juiz, como, por exemplo, quando se contradiz. Nesse caso, deve ser orientada a manter a calma e se explicar. É muito comum que pessoas normais se sintam tensas e errem ao depor em juízo, especialmente sobre episódios complexos, confusos ou que se passaram há muito tempo. A testemunha costuma dizer então que não se lembra de detalhes, não se lembra devido ao tempo ou a outros motivos que justificam seu lapso.

Pessoas aculturadas e pessoas simples podem lembrar com mais ênfase o que interessa à parte defendida pelo advogado. Nas pessoas aculturadas, o funcionamento da razão pode levar ao entendimento da tese do advogado, enquanto nas mais simples sentimentos e instintos influenciam. O advogado e a parte não são obrigados a se manter neutros e muito menos a ressaltar o que interessa ao adversário. É justo que se aproveitem do depoimento da testemunha em tudo que ela puder ajudar. Assim ocorre em todas as ocasiões. Ninguém leva uma testemunha a juízo, espontaneamente, sem antes conversar com ela, até para saber o que irá falar, se será útil ou, ao contrário, ajudará a parte adversária.

Sabendo que o advogado da parte contrária deve ter conversado com suas testemunhas, procurando influenciá-las, o advogado da empresa pode então, durante a audiência, através de perguntas, dirigir a memória e a atenção das mesmas para os detalhes e episódios que lhe interessam. Isto é tanto mais eficiente quando se chega ao fato por perguntas indiretas. A testemunha, geralmente nervosa e com pouco tempo para pensar, pode então falar sobre o que o advogado adverso queria que fosse esquecido. Costuma ser eficiente fazer interrogatório cerrado, insistente, do tipo policial, com muitas perguntas, por muito tempo, reperguntas para tentar fazer a testemunha cair em contradição. Tudo deve ser feito com muita habilidade, dentro de certos limites, pois o juiz pode não admitir essa prática.

Se a testemunha da parte contrária mentiu, a parte prejudicada, tendo provas, às vezes testemunhas que não compareceram a juízo, melhor ainda se documentais, pode pedir abertura de inquérito na polícia por falso testemunho.

Para provar o falso testemunho fora da reclamação em que ela ocorreu, o advogado da parte pode tentar ajuizar processos cautelares, na JT ou na Justiça Federal: justificação judicial, quando se chama pessoas para depor em juízo sobre determinados fatos; exibição de documentos, quando se pede a alguém que tem determinada prova, que a mostre em juízo; produção antecipada de prova, que pode ser perícia sobre algum documento, contabilidade, assinatura, gravação ou algo parecido.

Obtida prova de que ocorreu o crime, que o depoimento foi fraudulento, além de denunciar o fato ao Ministério Público Federal para que inicie a ação penal, a parte pode juntar as provas obtidas nesse procedimento no recurso da ação cuja sentença foi influenciada por essa testemunha, procurando reverter a decisão ou, se a ação terminou, propor ação rescisória, pedindo, inclusive, se for o caso, antecipação de tutela, para suspender a execução do julgado obtido com a prova fraudulenta. Esse tipo de procedimento é trabalhoso, mas, além de evitar o prejuízo econômico, contribui para termos menos fraudes na Justiça, menos testemunhas falando mentiras.

Portanto, a atuação do advogado na JT pode ser muito mais complexa e delicada do que parece no dia a dia. E os depoimentos das testemunhas podem ajudar ou atrapalhar decisivamente, dependendo do que lembrarem, esquecerem ou enfatizarem.

O momento da audiência é, enfim, um tremendo combate, no qual o advogado mais informado, mais preparado, mais talentoso, pode fazer a diferença.

A sentença

Na sentença, o juiz faz um sucinto relatório do processo e de suas conclusões e declara procedente, procedente em parte ou improcedente a reclamação. Na grande maioria das reclamações, os juízes têm decidido que elas são parcialmente procedentes. Hoje em dia, há dezenas de obrigações e verbas previstas para serem pagas aos trabalhadores, ora decorrentes da lei, ora da convenção coletiva, outras vezes por construção jurisprudencial (os juízes decidem e vai se formando uma corrente de decisões no mesmo sentido) e mesmo pelo contrato individual, e nem sempre elas são pagas corretamente, ainda que a empresa faça esforço nesse sentido.

Na década de setenta do século passado, quando comecei a advogar, as reclamações continham cinco ou seis pedidos de condenação da empresa, relacionados de *a* até *e* ou *f*. Hoje em dia, os reclamantes usam de *a* até *z* e ainda *z1*, *z2* às vezes até *z15* ou mais. Apenas 5% das reclamações são consideradas totalmente procedentes, muitas delas devido ao não comparecimento da empresa à audiência.

Se uma empresa não contesta a reclamação a ser entregue na audiência, ela é considerada revel, ou seja, é como se concordasse com o que consta da inicial do reclamante. Se não comparece à audiência, representada por preposto, acompanhado por advogado, é considerada confessa quanto à matéria de fato, exposta na inicial. À revelia é mais prejudicial, pois inclui a confissão, que é limitada à matéria de fato. O juiz pode até mitigar a condenação, não dar tudo que o reclamante pede, em especial aquilo que é evidentemente fantasioso, mas isso nem sempre acontece.

O magistrado trabalhista, pelo menos nas grandes cidades e em decorrência da dinâmica da JT, que estimula reclamações, é extremamente ocupado. Todos comparecem ao Fórum, de segunda a quinta, muitos preferem usar a sexta-feira para ficar em casa, elaborando sentenças. E de fato todos têm uma meta a ser alcançada (e não reclamam de assédio moral).

Nas grandes cidades, recebem dezenas de processos novos por dia, fazem várias audiências, têm de dar várias sentenças, o que é uma temeridade, pois existem processos que merecem vários dias de estudo para serem sentenciados. Em 2011, cada juiz tinha 1.260 processos em fase de conhecimento e 1.192 em fase de execução. Os magistrados nos TRTs tinham 1.924 processos e os do TST 15.857 cada um (estes têm mais auxiliares para ajudá-los).

O juiz também pode condenar a parte vencida a pagar custas do processo. Quando o trabalhador perde, se é considerado pobre, tem direito a justiça gratuita, ele é isento. Se a empresa perde, e quer apelar, ela tem de pagar as custas e fazer um depósito. As custas são 2% do valor da condenação, se o valor é líquido, ou do arbitrado pelo juiz como provável valor da condenação. Além das custas, se a condenação for inferior a R$ 6.598,00 (valor entre julho de 2012 e julho de 2013), o valor a ser depositado é o estipulado na sentença. Se ultrapassar esse valor, a empresa será obrigada a depositar os R$ 6.598,00. Em caso de novos recursos, tem de depositar o dobro. Esse valor é atualizado anualmente.

O empresário e o advogado devem estar atentos, pois depositar um real a menos poderá impedir o recebimento do recurso, tanto como pagar um centavo a menos de custas ou protocolar o recurso um minuto após o prazo. A sentença pode ser líquida, isto é, definir o quanto é devido, todo o valor da condenação, mas é comum também que seja parte líquida e parte ilíquida e existem as que são inteiramente ilíquidas. Nestas últimas, o juiz define o valor que julga ser aproximadamente o da condenação e ele serve de parâmetro para pagamento das custas.

Condenação em sucumbência e custas

Sendo a reclamação desfavorável à empresa, ainda que raramente, a sentença pode condenar a empresa a pagar honorários, que neste caso pode ser denominado sucumbência, ao advogado do trabalhador, até um limite de 20% de valor da condenação. Pela lei, isso só deveria acontecer quando o reclamante fosse pobre e assistido por advogado de sindicato. Na prática, mais uma vez, há muitos juízes trabalhistas que atropelam a lei e condenam a empresa com base em alguma teoria, como, por exemplo, no direito do trabalhador de receber integralmente seu crédito, sendo indenizado pelo que tem que pagar a seu advogado. A condenação em honorários na JT é questão de tempo, pois há vários projetos na Câmara Federal, muita pressão da OAB e trabalhadores e até empresas concordam, estas últimas devido à quantidade de reclamações que recebem, cobrando verbas já pagas.

Se a empresa não paga o trabalhador, seu nome irá para a relação de devedores na JT. Não poderá tirar certidão que permita a ela participar, por exemplo, de uma licitação. Se não paga as custas, terá seu nome incluído entre os devedores da União, com a mesma consequência.

Duração da reclamação

A duração da reclamação depende de uma série de fatores: situação da economia, acúmulo de processos na vara ou câmara, se em segunda instância, região, o juiz ou relator encarregado, complexidade da causa, entre outras.

Sua trajetória se inicia geralmente depois de rescindido o vínculo trabalhista. O trabalhador, se julga ter sofrido injustiça, procura rapidamente por advogado. Há casos dos que não se julgam nessa situação e não pensam em reclamar, mas após procurarem emprego por alguns meses, não o encontrando e tendo os recursos recebidos na demissão se esgotado, optam por ajuizá-las. A empresa fica insegura, sujeita à expectativa por dois anos. Como já exposto, todo trabalhador sabe que é uma oportunidade de receber algo, uma pequena importância que seja. É comum alguns mais humildes confessarem em juízo que julgam ter recebido tudo, mas que reclamam por estarem em dificuldade econômica, desempregados. O advogado deve recusar essas causas e também jamais receber documentos, por na gaveta e esquecer, pois podem ser chamados para responder a processo na OAB e de indenização.

O advogado procurado, depois de ouvir e receber documentos do reclamante, julgando serem viáveis seus pleitos, pode propor a reclamação no mesmo dia, ou em dois ou três dias. Nos casos mais complexos, pode levar um ou dois meses. Se julgar que não procedem, é bem melhor recusar a causa. Boa parte das milhões de reclamações poderia ser evitada se isso ocorresse com mais frequência. Na prática, é difícil o advogado recusar, pois não é difícil elaborar a reclamação e ajuizá-la e, na medida em que o reclamante sempre ganha algo, e ele receberá 30%. Por outro lado, se não propuser a reclamação, pode perder o cliente, e em trinta anos da vida profissional de um advogado um bom reclamante pode aparecer por cinco ou seis vezes em seu escritório, sem contar os clientes que pode indicar.

Depois de protocolada a petição inicial, até a sentença, uma reclamação pode durar, em primeira instância, de seis a doze meses e outro tanto na segunda. Nos fóruns mais atulhados de processos e com poucos juízes, pode durar o dobro. Se for mais complicada, exigindo perícias, cartas precatórias, destinadas a diligências ou a ouvir testemunhas em outra cidade, intimação de testemunhas difíceis de serem encontradas, pode durar mais ainda. O tempo de duração depende também da organização e eficiência do juiz ou do cartório ou até da situação econômica (em épocas de grande atividade, emprega-se mais, mas, quando há crise, o trabalhador fica mais propenso a obter alguns valores com reclamações). Muitas vezes, o tempo que o processo leva para subir de primeira instância para a segunda ou após a decisão do tribunal, para voltar a primeira, também toma meses.

Há casos de juízes que são menos ágeis ou trabalhadores e deixam acumular grande número de reclamações para o sucessor. Não se pode esquecer também que juízes tiram férias integrais, mulheres ficam grávidas, há doenças e são muitos os feriados.

O julgamento nas instâncias superiores não termina o processo. Após a decisão, ele volta para primeira instância, onde se dá execução. Esta pode demorar alguns dias, quando a empresa deposita ou o juiz consegue penhorar dinheiro na conta da empresa ou de seus sócios, ou muitos anos, quando não se encontram bens. A JT tem um cálculo de tempo médio de duração de reclamações, que expomos mais adiante.

O crescimento da JT por ela mesma

Segundo o *Anuário da Justiça do Trabalho*, uma publicação da conceituada revista eletrônica *Consultor Jurídico*, com base em informações repassadas pela própria Justiça do Trabalho, esta continuou crescendo nos últimos anos tanto em reclamações distribuídas e julgadas como em varas, em número de juízes e de desembargadores. Ocorre um superdimensionamento que atinge o TST e os TRTs em geral.

Evidente que o TST só funciona porque cada ministro tem vários auxiliares que o ajudam a tirar conclusões, elaborar e redigir decisões. São mais de 15 mil processos para cada ministro. A procura dos tribunais superiores demonstra o inconformismo das partes vencidas, geralmente empresas e órgãos públicos. Vejamos os números do TST:

Como evitar reclamações trabalhistas – e levar a bom termo as existentes

Processos	2009	2010	2011
Distribuídos	206.236	204.211	211.734
Julgados	265.802	211.979	206.965
Pendentes	176.636	168.839	161.590
Taxa de Congestionamento	38,2%	53,2%	57,4%

No total de reclamações em curso na Justiça do Trabalho, além dos processos que são ajuizados anualmente, existe ainda um resíduo de 2.861.181 processos, dos quais 2.103.060 pendentes de execução e 758.114 no chamado arquivo provisório. São reclamações em que os devedores não têm como pagar as condenações ou estão desaparecidos. Como na JT os juízes muito dificilmente admitem a prescrição intercorrente, ou seja, aquela em que o processo é abandonado pela parte por mais de cinco anos e então extinto, a tendência é que esse número continue a crescer. Por sua vez, os devedores, empresários, além de empresas, que não deram certo ou até pessoas que inadvertidamente deram seus nomes para formar sociedades empresariais, às vezes detendo menos de 0,1% das quotas, continuarão sem poder empreender ou ter bens ou segurança com relação a suas contas em bancos, pois elas podem ser penhoradas a qualquer momento.

O TRT de São Paulo, 2ª Região, com sede na capital e abrangência de 46 cidades localizadas na Grande São Paulo e na Baixada Santista, onde vivem mais de 20 milhões de pessoas, tem dimensões maiores do que a Justiça do Trabalho de qualquer outro país do mundo. É composto por 285 desembargadores, 332 juízes e 167 varas.

O desembargador Nelson Nazar, liderança respeitada na JT, presidente do TRT-2 no biênio 2010-2012, declarou ao Anuário que, "a conciliação faz parte da nossa cultura" e que "a conciliação tem característica de processo arbitral. Cada um cede um pouco e ninguém sai perdendo". É o que dizem as demais lideranças pelo Brasil. Mas se o problema é conciliar, arbitrar, por que líderes sindicais ou pessoas de confiança por eles indicados não podem fazê-lo? Por que não respeitar decisões de tribunais arbitrais? Por que não manter e estimular as Conciliações Prévias, evitando a centralização de todas as pendências na JT, seu inchaço, seus gastos? Por que não respeitar as convenções coletivas, forma de se reduzir litígios?

Responsável por 16% de toda a movimentação processual trabalhista do país, o TRT-2 tem média de 1.645 processos para cada 100 mil habitantes, bem mais elevada do que a média nacional, em torno de 1.300 processos.

Quanto ao prazo de tramitação, no TRT-2, congestionado, é de 337 dias, em segunda instância, quase o dobro da média nacional.

PRAZO MÉDIO DE TRAMITAÇÃO/ DIAS / 2ª Instância					
	2007	2008	2009	2010	2011
TRT-2	430	374	398	472	337
BRASIL	132	122	119	119	118

Em 2011, nada menos que 342 mil reclamações foram ajuizadas no TRT-2 e 131.719 subiram para a 2ª instância. A grande maioria foi julgada, mas continua a existir um grande número de processos esperando por solução, os chamados pendentes.

MOVIMENTO PROCESSUAL EM 2011			
Instância	Casos novos	Julgados	Pendentes
Primeira	341.952	312.006	264.906
Segunda	131.719	160.867	45.858

O aumento dos valores pagos aos reclamantes demonstra que, tanto em São Paulo como no país, a JT, em vez de reduzir, continua aumentando o valor das condenações. As variações, respectivamente 25% e 31%, são muito superiores ao aumento do número de processos.

VALORES PAGOS AOS RECLAMANTES			
	2010	2011	Variação
TRT-2	1,979 bilhão	2,481 bilhões	25%
BRASIL	11,287 bilhões	14,758 bilhões	31%

Além desse tribunal, a JT foi obrigada a abrir outro, o TRT-15, formando a 15ª Região, em Campinas, cuja composição também teve de ser preenchida por dezenas de magistrados. Ele cuida da cidade sede e de centenas de outras do interior do estado, num total de 599. É o único não localizado em uma capital de estado, mas se tornou o segundo do país em número de reclamações recebidas, julgadas e no número de desembargadores: tem 53 magistrados com esse título, além de 371 juízes e 153 varas. Quando foi formado, há 25 anos, só havia fóruns trabalhistas nas grandes metrópoles, mas, como se pode constatar, hoje até em pequenas cidades elas são implantadas.

Recursos

Na reclamação trabalhista, quem perde pode recorrer. É muito comum ambas as partes recorrerem. Pode acontecer que uma das partes não recorra para terminar logo com o litígio, mas se a outra recorre, sabendo que o processo vai demorar mais algum tempo, a que havia desistido pode mudar de ideia e recorrer, usando o chamado recurso adesivo. A reclamação sobe ao tribunal. Há atualmente 24 TRTs no Brasil, onde os recursos ditos ordinários são julgados por uma turma. Nesta, um juiz é nomeado relator e outro, revisor. Na prática, as câmaras se reúnem semanalmente e o relator lê o voto e os demais tendem a segui-lo. Se um deles diverge, o voto do terceiro costuma decidir. Com base no voto dissidente ou em algum outro fundamento, pode-se tentar mais um recurso e sempre embargos de declaração, quando houver omissão, obscuridade ou contradição. O advogado pode tentar influenciar através de defesa oral, mas, sem algum argumento novo, isso é muito difícil.

Para recorrer, a empresa tem 8 dias a partir da publicação da sentença. Se ela for dada em audiência, o prazo corre a partir dessa data. Nunca se deve deixar o cumprimento de um prazo para o último dia. Um incidente qualquer, um esquecimento do estagiário encarregado de levar o recurso à JT, uma chuva mais forte, o trânsito tumultuado, uma greve no banco onde irão ser pagas as custas, a queda de energia, impedindo o uso do computador ou da impressora, poderão complicar o protocolo da petição de recurso e resultar na perda do prazo. Nos casos fortuitos ou de força maior, um desastre que cause comoção, por exemplo, pode haver a devolução do prazo, mas não é suficiente alegar chuva ou trânsito. O advogado deve exigir que o recurso seja protocolado antes da data e conferir se tudo foi feito corretamente. Perder um prazo está para o advogado como esquecer o bisturi no corpo do cliente após uma operação está para o médico: é imperdoável.

O acolhimento do recurso e o julgamento, agora pelo TRT da região, exigem pagamento de custas e o depósito, como explicado anteriormente.

Em certos casos, a parte insatisfeita com a decisão pode tentar recorrer uma segunda vez junto ao TST e até mesmo chegar ao STF, mas são recursos que não suspendem a execução e dificilmente são providos. Por outro lado, nesses tribunais superiores, TST e STF, é vedado discutir ou fazer provas. Todas elas devem ser feitas em 1ª instância e apreciadas nesta ou nos TRTs. O reclamante deve juntar suas provas com a inicial e a empresa, as que têm com a contestação. As partes podem ainda protestar pelas provas que forem fazer durante o processo. Depois disso, só pode ser feita alguma prova ou juntar um documento em casos excepcionais, como, por exemplo, se ele era desconhecido ou não estava disponível antes. Juntar uma prova que se tinha disponível, após o momento adequado, pode ser considerado ato de má-fé.

Terminada a produção de provas, usam-se apenas argumentos. Nos Tribunais Regionais do Trabalho, ainda se discutem as provas, enfatiza-se ou questiona-se o valor das que foram feitas. Nos demais, acima citados, não se discute prova, mas apenas outras questões de direito, como, por exemplo, o fato de um outro tribunal dar solução diversa para a mesma questão, ou então na condução do processo o juiz impedir ou contrariar um direito constitucional da parte e o TRT encarregado do recurso não ter sanado a arbitrariedade. Um exemplo comum de infração constitucional é o cerceamento de defesa. O advogado deve, desde o início da reclamação, colocar as questões constitucionais que julga cabíveis, preparando terreno para tentar chegar ao STF, se for necessário.

A exceção de suspeição

Toda pessoa física ou jurídica tem o direito de ser julgada por magistrado imparcial. Tem, portanto, o direito de pedir a suspeição de um juiz, evitando que ele julgue uma causa, em determinadas condições.

O Código de Processo Civil diz que o juiz é suspeito quando é inimigo capital da parte ou quando tem interesse no julgamento da causa em favor de uma das partes. São os casos mais comuns de suspeição.

Existindo a suspeição a parte deve falar sobre ela nos autos na primeira oportunidade após conhecer o fato. Alguns juízes admitem um prazo de 15 dias, sendo necessária petição específica. O juiz pode se declarar suspeito e enviar os autos do processo em questão para outro colega competente, seu substituto, se houver na vara, sem declarar os motivos. A outra parte não terá recurso algum para se insurgir, nem o juiz que se declarar suspeito precisará se explicar.

Se o magistrado não acolhe o pedido, a parte que se julga prejudicada pode entrar com mandado de segurança no TRT. Se o fato ocorrer neste, pode ajuizar no TST.

Se a parcialidade se manifesta apenas na sentença, inexiste previsão de recurso no Código de Processo Civil, mas a jurisprudência admite que a parte prejudicada alegue suspeição como preliminar da apelação.

Não é preciso que o conceito "inimigo capital" seja tomado como vontade de liquidar física, moral ou economicamente com a parte. Entendemos que o sentimento de evidente hostilidade ou manifesto pré-julgamento já tornam o juiz suspeito. É sua obrigação recusar-se a decidir causas nas quais não consegue se manter isento. E suspeição, ensina o dicionário de Mestre Aurélio, não é certeza. Ajuizada a exceção de suspeição, o processo deve ter seu andamento sustado até a decisão final.

O custo da reclamação trabalhista para a empresa, o trabalhador e o país

O maior custo da proliferação de reclamações para as empresas está no clima hostil criado internamente, que impede ou, no mínimo, dificulta a criação de uma cultura positiva, um esforço conjunto e harmônico pela competitividade, produtividade, qualidade. Pode-se citar ainda o custo da substituição do funcionário, que exige recrutamento, seleção, treinamento, adaptação, motivação etc.

O custo direto da reclamação também é elevado. Faremos um cálculo de uma reclamação relativamente modesta, de R$ 20 mil, uma média do que é reclamado, não obstante ela em geral terminar por acordo ou decisão judicial com valor bem inferior.

Pode-se dizer que, para a empresa, a tramitação de uma reclamação de R$ 20 mil, em primeira instância, quer ela termine por sentença condenatória ou acordo, tem um custo de R$ 2.240,00. Incluímos no cálculo: a) R$ 1.000,00 como honorários de advogado (5% do valor pleiteado); b) R$ 500,00 pelo custo interno, de receber intimação, procurar advogado, ir buscar provas em arquivos, xerocopiar, abrir pasta, discutir internamente a defesa; c) R$ 200,00 pela ausência no trabalho de duas testemunhas levadas a juízo, em geral funcionários, e que, portanto, nada produzirão naquele dia (pela manhã para prepará-las, à tarde para depoimento; calculamos pelo custo direto em salário e encargos e não pelo que deixaram de produzir, perda real para a empresa, que seria muito maior); d) R$ 100,00 pelo preposto; e) R$ 300,00 gastos em conduções diversas, estacionamento, lanches, táxis; f) R$ 140,00 de custas (2% sobre o valor da condenação média).

Observa-se que pelo menos metade das reclamações terminam em primeira instância, ou porque as partes fazem acordo, ou porque ficam satisfeitas com a sentença. No caso da empresa, mesmo insatisfeita, ela deixa de apelar, em muitos casos, para não ter que fazer o depósito e continuar gastando – principalmente as pequenas, porque não têm condições de fazer o depósito, pagar custas e continuar a pagar o advogado. A outra metade sobe para nova decisão nos TRTs, pela via do recurso ordinário.

Quando há recurso, o advogado poderá cobrar honorário ou custar, se interno, pelo menos mais R$ 1 mil. Não nos esqueçamos de que recurso não é apenas digitar uma peça, mas seguir a reclamação e intervir, vez ou outra, durante mais um ou dois anos.

Com mais essa despesa de advogado, pode-se dizer que o custo médio das reclamações, quando existe recurso, chega a R$ 3.240,00.

Em resumo, o custo médio mínimo, para a empresa, de uma reclamação simples de R$ 20 mil, fica em R$ 2.240,00, em primeira instância, e R$ 3.240,00, se chegar à segunda instância – o que é muito comum, sem contar a possível condenação.

O custo da primeira instância é inevitável, e o da segunda acontece em 50% dos casos, ou seja, quando há recursos. Portanto, podemos dizer que a reclamação tem um custo médio de R$ 2.740,00, que é a soma da despesa de primeira instância, com metade do que se gasta na segunda, pois aqui estamos calculando pela média do que ocorre.

Trata-se de um cálculo médio mínimo. Não consideramos despesas extras que eventualmente aumentam esses custos: mais de uma audiência, necessidade de perícia, incidentes de maior complexidade e tantos outros. Também não contamos o valor da condenação, das multas e demais verbas a que está sujeita a empresa. O valor médio da condenação é de aproximadamente R$ 7 mil, mas preferimos, para não ter dúvidas quanto aos cálculos, pensar neste como sendo direito do trabalhador. Este, por sua vez, terá de transferir 30% do valor recebido ao advogado. Se a empresa for calcular seu custo médio da reclamação, R$

2.740,00, mais o valor que paga pela condenação, o valor despendido chegará a R$ 9.740,00, sem contar o que será pago de imposto e previdência. Certamente o total despendido ultrapassará R$ 12 mil.

Mesmo que a empresa ganhe a reclamação, terá um gasto médio de R$ 2.600,00, pois dos R$ 2.740,00 acima calculados só podemos retirar o valor do pagamento das custas. Mesmo assim, se ela perdeu em primeira instância e já as pagou para recorrer, não será fácil obter devolução do valor.

Deixamos de incluir o depósito recursal como ônus – atualmente R$ 6.598,00 para viabilizar o recurso ordinário e o dobro nos demais –, considerando que este pode ser recuperado ou servir para pagar a verba da condenação, se ocorrer.

A reclamação também não deixa de ter um custo para o trabalhador. Ele perde em geral o dia de trabalho, pois costuma já estar empregado (ou poderia estar procurando emprego) quando é marcada a audiência. Perde algumas horas do fim de semana tentando convencer testemunhas, mas deixaremos de contar essas horas extras. Suas testemunhas – a média é de duas por reclamação – também perdem um dia de trabalho. Todos têm de pagar condução. O reclamante também tem de levar seu advogado.

Podemos calcular, pois, modestamente, que o custo do lado laboral, incluindo tempo perdido e deslocamento de testemunhas, pode chegar a R$ 300,00. O advogado do reclamante pode ter seu custo orçado em pelo menos R$ 2,1 mil, por toda a reclamação (30% da condenação média na JT: R$ 7 mil). Ele só receberá se a reclamação for vitoriosa, mas quase todas são e, se ele não ganha em uma, ganhará o dobro em outra, pois a média da condenação é esse valor: R$ 7 mil. O que vai para o causídico sai do caixa da empresa, mas deixa de ir para o bolso do trabalhador, pois, no final, é ele quem o paga.

No total, o trabalhador despende em média R$ 2,4 mil, quase tanto quanto a empresa, mais um motivo pelo qual precisamos reformar a legislação e reduzir os conflitos. Não consideraremos custas, pois de um lado o reclamante quase nunca as paga, por suas parcas condições financeiras e, de outra parte, porque quase sempre ganha algum valor na reclamação, não sendo condenado em custas. Conforme o valor, o trabalhador terá de pagar imposto de renda e INSS. A empresa pagará quase sempre. E, mesmo em acordos, paga 31% do valor acertado para a União.

O país sempre pagará caro, pois todos os envolvidos diretamente – preposto, reclamante, dois advogados, quatro testemunhas (2 para cada lado), juiz, auxiliar na sala da audiência, dez profissionais, portanto –, sem contar outros que indiretamente desenvolvem tarefas no cartório e na empresa, deixarão de produzir.

Relevante também é o custo da Justiça do Trabalho. Ela tem como sua dotação anual uma verba que vem do erário público para pagar os magistrados e demais despesas. Em 2011, foram R$ 12,5 bilhões para 2,15 milhões de reclamações ajuizadas, ou seja, cada reclamação custa ao país, apenas neste item, R$ 5,8 mil (valor aproximado a que chegamos em 2011, ao dividir o orçamento da JT pelo total de reclamações distribuídas).

Se somarmos o custo médio da reclamação para a empresa (R$ 2,7 mil), o custo para o trabalhador (R$ 2,4 mil), mais o custo para o erário público (R$ 5,8 mil), teremos um custo total, por reclamação, de R$ 10,9 mil, incluindo todos os envolvidos.

Se multiplicarmos esse custo pelo total de 2,15 milhões de reclamações em um ano, a reclamações ajuizadas em 2011 custaram R$ 23 bilhões.

Ao fim e ao cabo, gastamos, em média, R$ 10,9 mil, para entregar ao trabalhador, em média, R$ 7 mil (dos quais R$ 2,1 mil vão para pagar o advogado).

É claro que esses números não são matematicamente precisos, mas a margem de erro é de 10%, quando muito 20% em um ou outro cálculo, o que não impede que se tirem conclusões assombrosas sobre o desperdício, a irracionalidade e a necessidade de mudanças.

Em qualquer país responsável, entre pessoas responsáveis, o que se espera é que soluções sejam discutidas, que se procure reduzir o número de reclamações, em vez de permitir que aumentem ano a ano.

4 CONTRATAÇÃO DE PESSOAL

A correta seleção, contratação e acompanhamento de funcionários para trabalhar na empresa é o primeiro grande passo para evitar reclamações trabalhistas.

A seleção e contratação de colaboradores, uma denominação mais adequada para funcionários, para trabalhar numa empresa, é um dos momentos mais relevantes não só para o sucesso de seus objetivos, mas também para evitar reclamações trabalhistas. Essa prática deve continuar com o acompanhamento da conduta e desenvolvimento dos mesmos pelos gestores, na contínua motivação e recompensa quando for o momento (pode ser elogio, promoção, viagem, curso etc., além de outras de cunho financeiro ou material), ou punição, se for o caso.

Usaremos com constância o termo colaboradores em vez de trabalhadores neste capítulo. Nos demais mantivemos denominações mais usuais, mas entendemos que todo trabalhador é um colaborador, ou então ele ou o empresário estão deslocados, equivocados de rumo ou de conduta.

Para contratar, antes de mais nada é preciso avaliar se o novo colaborador é realmente necessário, qual a função a ser desempenhada, quais as exigências pessoais e profissionais do cargo e, portanto, quais qualidades deve ter o candidato.

A arte de contratar funcionários

É obvio que, na correta seleção de colaboradores, observar os critérios que evitam problemas trabalhistas é apenas parte do processo.

O cliente é o rei e é atendido pelos colaboradores. Deles depende a qualidade dos serviços e produtos e o próprio clima de harmonia ou desarmonia no funcionamento do empreendimento.

Costuma-se dizer que, para uma empresa, o cliente é o rei porque dele vivem o empresário e seus funcionários. Se o cliente não gostar da forma como é tratado, faz com que o primeiro perca seu capital e os segundos, o emprego. Basta não voltar a procurar pelo serviço ou produto negociado pela empresa. Como o empresário tem poder de fiscalização, controle e comando, deve fazer com que os colaboradores tratem o rei como tal e, se isso não ocorrer, recuperá-los para a função ou, o que é muito triste, mas inevitável, dispensá-los, por outros no lugar; caso contrário, será ele dispensado pelo cliente.

Pode-se concluir, portanto, que o funcionário é muitíssimo importante, é de fato um colaborador, deve ser tratado como tal, deve saber servir Sua Excelência (o cliente, não o empresário), estar tecnicamente preparado e motivado. Essa meta pode ser prejudicada se a seleção não for criteriosa e se, uma vez admitido, o colaborador não souber dessa verdade elementar em uma economia caracterizada pela concorrência. O colaborador, além de sua função, deve aprender o funcionamento da economia de mercado. Como num time de futebol, se o jogador não vestir a camisa, não haverá vitória contra o concorrente (adversário) e então a torcida (a clientela) ficará insatisfeita, não haverá grandes

O recrutamento

O ideal é ter várias opções de candidatos e, mesmo que demore um pouco mais, ir procurando até encontrar o melhor. Se existe um único candidato, ou poucos, a seleção fica restrita, sendo mais difícil encontrar o colaborador ideal.

Uma indicação por outro funcionário de conduta idônea, ou mesmo por um colega do ramo que já empregou o candidato, deve fazer com que o candidato mereça alguns pontos. As referências podem ser tanto técnicas como pessoais. Elas reduzem o tempo e o custo do processo de seleção, entrevistas e testes. Sabemos que, nas pequenas empresas, esse é um dos processos mais usados. Um funcionário indica um outro, amigo, primo, vizinho, que procura emprego e sabe fazer mais ou menos a função necessária. O pequeno empresário, perdido em múltiplas funções, atendendo fiscais, pensando onde vai conseguir recursos para pagar a duplicata ou o aluguel, mal o vê e já manda lhe ensinarem a função, ao mesmo tempo em que envia a carteira profissional para registro.

Se o indicado por alguém idôneo ganha pontos, o mesmo não ocorre com candidatos vindos através de anúncios de jornais, placas na porta ou mesmo das muitas agências de emprego que só lidam com quantidade ou daqueles disponíveis em órgãos públicos procurados por desempregados. Se não resta outro caminho, o anúncio de jornal pode ajudar. Como cada mídia tem seu tipo de público, é preciso atentar para a mais adequada. Não convém anunciar a procura de auxiliares de pedreiros em jornais lidos pela elite (no mínimo paga-se mais caro) ou executivos de multinacionais naqueles distribuídos na porta do metrô ou faróis e ruas mais movimentadas das cidades, dirigidos à população em geral. Outra fonte de candidatos têm sido hoje em dia as bolsas de empregos de entidades e as de cursos de formação profissional. Pode-se, ainda, usar sites, facebook, twitter e demais redes sociais, em busca de currículos.

Lendo a carteira profissional e obtendo referências

Um dos problemas para qualquer empresa é a instabilidade e consequente rotatividade de seus funcionários. Dispensar ou receber pedido de demissão de um trabalhador geralmente é desagradável, contribuindo para um clima negativo na empresa. Fica caro substituí-lo e quem sai pode ajuizar reclamação trabalhista. Portanto, a estabilidade do candidato nos empregos anteriores é um dos critérios a serem observados na seleção de pessoal, pois o que se deseja é que ele fique um tempo razoável na empresa, se admitido.

O entrevistador deve atentar para onde o candidato trabalhou e o tempo em que ficou em cada emprego. Havendo dúvidas, pode ligar para referidos empregadores e constatar se as informações são verdadeiras.

Como a instabilidade sempre prejudica a empresa, não tem o menor sentido a generalização que fazem os juízes do trabalho quanto a ser o empresário um sujeito sempre disposto a dispensar trabalhadores para assim aumentar seu lucro. É mais comum acontecer o contrário: ele tentar mantê-los para aumentar o lucro. Aliás, o renomado e insuspeito filósofo alemão Karl Marx afirmou que o lucro vem da mais-valia: o empresário se apropria de parte da riqueza produzida pelo trabalhador. Então, se ele reduz o número de trabalhadores, não estaria reduzindo a mais-valia a ser obtida? As empresas, na verdade, são escravas do mercado. Contratam quando este se amplia para ela, dispensam quando acontece o contrário. Podem ser criticadas pela frieza da lógica que admitem, por talvez não distribuírem lucros e resultados como seria justo, por desrespeitar trabalhadores, mas jamais por dispensá-los gratuitamente. Não fazem isso, especialmente com funcionários treinados e motivados. É como dar um tiro no pé.

Cada empregado admitido exige diversas entrevistas, providências administrativas e burocráticas, treinamento, adaptações etc. Tudo isso acarreta um custo enorme e, em caso de demissão, devem-se acrescentar vários outros, pelo menos uma dezena de providências, registros diversos. Em seguida, se a empresa necessita preencher a função, deve começar tudo de novo, arcar com mais custos, além dos da possível interrupção do trabalho no setor. Corre-se o risco enorme de se ter ainda o custo da reclamação trabalhista, romarias e horas de espera nas salas lotadas da Justiça do Trabalho, onde principalmente os trabalhadores instáveis gostam de terminar a relação. Para o pequeno empresário também conta a decepção, a insegurança, a adaptação ao novo funcionário, nem sempre fácil.

Nada mais justo, pois, que, ao contratar, uma das características que o empresário observe seja a estabilidade do candidato e sua conduta em empregos anteriores, sua possível e fácil adaptação no novo emprego. Deve-se tentar adaptá-lo, motivá-lo, fazer dele um membro da equipe, um colaborador, rapidamente.

A entrevista de admissão

A entrevista de admissão deve ser feita após a triagem mínima de currículos (pré-seleção) e, quando os candidatos se apresentarem, a leitura atenta da carteira profissional. Deve haver ainda a confirmação da veracidade das informações. Lapsos muito grandes de tempo entre um emprego e outro devem ser explicados de forma convincente. São comuns candidatos que têm duas ou até três carteiras profissionais e tentam explicar os lapsos de tempo entre um emprego e outro na carteira apresentada informando que foram trabalhar com isto ou aquilo ou em outro estado, em lugar onde não se pode confirmar a informação. Muitas vezes, no entanto, o trabalhador está apenas se defendendo de maus empregadores.

Como evitar reclamações trabalhistas – e levar a bom termo as existentes

O candidato deve ser recebido no escritório, com portas fechadas, sem interrupções, olho no olho, com perguntas claras e diretas, que exijam respostas, se possível, prontas e sinceras. É importante que haja um ambiente em que ele se sinta à vontade para melhor expressar pensamentos e formular respostas. O entrevistador nunca deve esquecer que seu trabalho é rotina, mas que para o entrevistado trata-se de um momento solene e importante, em que ele sabe que está sendo examinado e que do exame pode resultar sua aprovação ou reprovação – esta sempre temida, péssima não só do ponto de vista econômico e profissional, mas também para a autoestima. O respeito ao candidato deve ser total. Trata-se de uma questão de educação e civilidade e também porque a JT tem condenado empresas a indenizarem os humilhados nas entrevistas ou quando a empresa promete o emprego e não cumpre.

Antes de mais nada, o entrevistador tem que saber dos empregos anteriores do candidato, que função cumpriu, quanto ganhava, por que os deixou. Deve também ter claro quais as qualidades requeridas na função a ser ocupada pelo candidato, as chamadas habilidades e competências necessárias.

É justo que o candidato peça ou obtenha espontaneamente do entrevistador as informações que pedir sobre o emprego: remuneração, carga horária, possibilidades de promoção e, ainda que em rápidas colocações, do ambiente, da cultura empresarial, das funções que ele deve desempenhar e dos resultados que dele se espera. Jamais se deve acenar com possibilidades inexistentes, promessas que não se pode cumprir. Gerar expectativas exageradas, enganar a boa fé do candidato é o primeiro passo para criar um litígio ou ter de responder a uma ação por danos morais contra a empresa. Um funcionário enganado é um funcionário revoltado, é um inimigo, jamais um colaborador.

A formação educacional completa é sempre desejável. Um diploma deve contar pontos. Cursos aqui e acolá demonstram força de vontade, desejo de progredir. Mesmo uma carteira de motorista deve valer pontos entre os mais humildes.

O preparo técnico, habilidades e competências, podem

ser aferidos com perguntas e testes.

Além do conhecimento técnico devem ser avaliados a possível conduta disciplinar, a experiência, a capacidade de improvisar em situações inesperadas, o potencial para ser motivado, vestir a camisa, a flexibilidade e possibilidade de exercer outras funções e trabalhar em outros horários.

Outras qualidades devem ser observadas: liderança, capacidade de iniciativa, agilidade mental, autoconfiança, vontade de ascender a cargos superiores.

Algumas perguntas podem levar ao conhecimento de sua situação familiar e dos aspectos psicológicos e valores sociais e morais aceitos pelo candidato, concepções sobre a vida, o que pensa e como trata os colegas, suas expectativas.

Perguntas aparentemente inocentes sobre como passa o tempo livre, se tem *hobby*, pratica esporte, é religioso, tem família, casa própria, ambições, está satisfeito com a profissão, por que quer o emprego, ajudam a delinear o perfil, sua personalidade, pontos fortes e fracos, o que dele se pode esperar, onde aproveitá-lo melhor.

Buscas nos distribuidores forenses também podem auxiliar na definição se o candidato deve servir em cargo de confiança e responsabilidade. Talvez convenha saber por que o candidato é réu em várias cobranças por falta de pagamento ou de cheques sem fundos. Se forem dificuldades eventuais, trata-se de fatos que podem ocorrer na vida de alguém, devem ser admitidos, a empresa pode ser solidária. Mas e se não forem? Pode merecer melhor pontuação outro que conduz corretamente a sua vida civil.

Não custa aferir a distância que o trabalhador vai ter de percorrer da casa onde mora ao trabalho (tempo de percurso, vale- transporte), sua saúde, modo de se vestir, postura, aparência (o que esperar de alguém que não faz a barba mesmo quando será entrevistado para ser admitido em um novo emprego?), higiene. Enfim, há muito a ser observado.

Alguns juízes punem empresas que buscam informações penais ou até civis dos candidatos. Mas a tendência dos tribunais superiores é admitir essa conduta, especialmente para cargos em que se exige confiança e responsabilidade. Se uma empresa vai contratar um funcionário para enviá-lo a outras empresas ou até para dar assistência técnica em casas particulares, não pode aceitar alguém já condenado por estupro ou então por furto três ou quatro vezes. Nem o juiz ou promotor iriam querer estas pessoas com suas famílias; seus julgamentos abstratos iriam ceder diante da realidade. No entanto, se obtidas tais informações, o entrevistador não deve divulgá-las. Pode rejeitar o candidato correndo o risco de ter que enfrentar reclamação trabalhista por dano moral – o que muito provavelmente ocorrerá se a rejeição for só por ele ter o nome no Serasa. Interessante notar que há casos de empresas condenadas na JT por esse tipo de prática: exigir a idoneidade de seus funcionários, mas o judiciário mesmo, e felizmente, faz uma rigorosa seleção ao admitir juízes e os profissionais que trabalham em seus cartórios, e o MPT faz o mesmo.

Nem toda pessoa com passado criminal deve ser rejeitada. Se na função ele não colocará outras pessoas ou o patrimônio da empresa em risco, se é possível o acompanhamento de sua conduta, a empresa estará cumprindo uma função social importante ao contratá-lo, dar-lhe uma oportunidade de se recuperar e voltar a viver de seu trabalho. Quem faz isso contribui para a redução da criminalidade e para que vivamos em uma sociedade um pouco melhor.

Uma vez admitido, o funcionário só deve começar a trabalhar após o registro e este deve ser feito com todos os cuidados previstos em lei. Geralmente, as pequenas empresas cumprem essas formalidades através de contador externo (uma das mais antigas terceirizações na prestação de serviços) e as grandes em seu departamento de RH. Nas pequenas empresas, onde sempre se tem urgência em substituir o funcionário anterior, a admissão se faz às pressas e há casos em que os que admitidos demoram para entregar a carteira para registro, às vezes esperando por emprego melhor, ou por estarem recebendo seguro-desemprego ou então aferindo se irão ficar no emprego. Nesse período, se aparecer um fiscal do trabalho, ela será multada e, no futuro, o funcionário poderá reclamar e é quase certo que ganhará a reclamação. Não bastasse tanta dor de cabeça, o juiz poderá comunicar o INSS, o MTE e a Caixa Econômica para que punam a empresa por falta de registro, de pagamento da previdência ou do depósito do FGTS.

O registro em carteira tem que ser correto. Tem sido muito comum a JT condenar empresas, às vezes por dano moral, por equívocos no registro, por não atualizar as anotações, por tentar anotar que a demissão se deu por justa causa. A carteira profissional é muito importante para o trabalhador e uma anotação humilhante custará no mínimo uns R$ 3 mil de dano moral para a empresa.

A formação pessoal

O conhecimento técnico é como se fosse uma superestrutura que deve ser sobreposta a uma infraestrutura, a personalidade, a formação psíquica e cultural, a criatura humana.

As qualidades desta acabam por se manifestar na função a ser exercida direta ou indiretamente, na relação com colegas e o gestor, com os clientes, em várias situações do cotidiano.

Muitas empresas preferem contratar um funcionário emocionalmente maduro, equilibrado e de boa índole a um tecnicamente perfeito, mas de comportamento imprevisível, indisciplinado, instável, criador de encrencas ou fofoqueiro.

O papel do gestor é saber aproveitar o que cada um tem de bom e impedir manifestações do que eles têm de ruim. Mas isso nem sempre é possível e então andou bem o técnico Luiz Felipe Scolari, quando não levou Romário, craque, mas de gênio difícil, para disputar a Copa do Mundo. Scolari queria seu time como uma orquestra e ninguém desafinando. Uma empresa também tem que funcionar como uma orquestra, se quiser vencer no mercado.

Enfim, a personalidade e maturidade do candidato também devem ser observadas, assim como sua situação familiar. A constituição e a estabilidade da família podem contribuir para a estabilidade do funcionário no serviço, para sua assiduidade e rendimento.

Os valores admitidos pelo funcionário devem, sempre que possível, coincidir com os da empresa, que, por sua vez, são de responsabilidade do empresário.

O que deve ser observado em um novo funcionário

Além das qualidades mais comuns que se pode exigir de um funcionário – educação, formação profissional, saúde –, outros aspectos podem ser observados para se ter um quadro mais completo:

Aspectos pessoais / psicológicos

- personalidade
- equilíbrio psicológico
- capacidade de observação
- agilidade mental
- nível de informação
- relação com colegas
- integração à equipe
- projetos e ambições
- o que faz nas horas vagas; *hobby*
- se lê jornais ou revistas; o que mais lê
- se participa de alguma associação, projeto, ONG
- o que acha de pessoas serem voluntárias em projetos sociais
- o que mais gosta na TV

Aspectos da vida familiar

- estado civil
- se tem família estável
- se mora em casa própria

- onde reside
- se tem facilidade de acesso ao estabelecimento
- se é facilmente encontrável

Condições financeiras

- se tem situação financeira equilibrada
- quanto ganhava nos empregos anteriores
- quanto quer ganhar
- se está satisfeito
- quais seus projetos e expectativas

Aspectos profissionais

- habilidades: funções que exerceu ou sabe exercer
- por quanto tempo ficou em cada emprego. Com que resultados.
- por que os deixou
- que objetivos tem na profissão
- disciplina
- dedicação
- pontualidade
- higiene
- capacidade de aprendizagem
- flexibilidade
- experiência (ou não experiente)
- improvisação /iniciativa/agilidade mental
- autoconfiança – segurança
- delegação
- liderança
- capacidade de julgamento

Além desses aspectos, pode-se levar em conta, conforme a política de responsabilidade social da empresa ou para suprir exigências jurídicas, se o candidato é idoso, jovem à procura do primeiro emprego, deficiente, aprendiz ou menor.

Durante a relação empregatícia

Durante a relação empregatícia, além de muito respeito, o colaborador deve ser tratado com justiça, seja no cotidiano, seja quando se tratar de promovê-lo ou premiá-lo, inclusive com novas oportunidades de se aprimorar profissionalmente. O mesmo deve acontecer na hora de adverti-lo ou puni-lo mais drasticamente por ato de irresponsabilidade ou indisciplina.

A maioria dos colaboradores tem suficiente discernimento para perceber quando estão sendo vítimas de injustiça, e nada pior que isto para começar a deixá-los desgostosos com a empresa, o que é o primeiro passo para a reclamação trabalhista. Se ele tem alguma dúvida, quando de uma punição, a empresa deve explicar de forma fundamentada, o porquê da punição. Aliás, em muitos casos, a questão acabará sendo levada à JT e lá a explicação terá que ser detalhada e fundamentada, com a empresa tendo de provar que tinha razão.

Outras observações

Há outros detalhes que podem ser observados numa entrevista. Em certos casos, pode se considerar o custo elevado do vale-transporte, além dos costumeiros congestionamentos de trânsito. Pode ser preferível contratar alguém que resida por perto ou precise de uma única ou mais rápida condução a outro que precise tomar várias para chegar ao serviço.

Existem muitos casos de trabalho por turno, como o de *chef* em um restaurante: um faz o almoço e outro, o jantar. Se um falta, o outro deve ser chamado com urgência. O juiz trabalhista achará uma infração absurda fazer o cidadão trabalhar períodos duplos no mesmo dia ou até vários dias, mas os demais funcionários, os proprietários, os clientes, o *chef* entenderão que isso é inevitável, que uma pequena empresa não pode ter um funcionário caro como reserva nem muito menos deixar seus clientes sem serem atendidos, especialmente se for um sábado ou domingo, dias nobres. Por outro lado, não dá para contratar *chef* de restaurante por um dia. Ele desconhece as receitas, motivo mais que suficiente.

Se a empresa tiver que providenciar o transporte do funcionário, deve levar em conta que o tempo que ele levará para chegar a ela e até o tempo de espera dessa condução. Um e outro serão considerados como horas extras em uma futura reclamação. Até mesmo o tempo que ele levar para caminhar do portão de entrada até o local de trabalho ou o que durar para por e tirar o uniforme serão contados como horas trabalhadas.

Os superiores do funcionário são fundamentais em seu desempenho e estabilidade. Devem estar próximos, ganhar sua confiança, avaliá-lo, elogiá-lo, aconselhá-lo, aperfeiçoá-lo, tanto como repreendê-lo e dispensá-lo, se tiverem poderes para tanto, ou então sugerir que seja dispensado quando for o caso. Houve um tempo em que os gestores diziam que, ao entrar na empresa, o funcionário devia esquecer o que ficava do lado de fora, que à empresa não interessava saber de seus problemas externos. Essa conduta pode ser contraproducente, especialmente em pequenas empresas. O gestor pode até tentar se manter alheio a problemas particulares dos trabalhadores, mas, sendo possível, deve escutá-los e tentar ajudá-los. É importante para manter sua fidelidade, melhorar o clima organizacional e, por outro lado, certos problemas externos que atingem o funcionário sempre irão repercutir na sua conduta na empresa.

O funcionário, por sua vez, deve entender o papel do chefe, em especial se este é apenas gerente. Ou o gerente o dispensa, quando ele não cumpre a função, ou será dispensado, pois uma empresa tem que atender a lógica do mercado, ser competitiva, e isso é inviável se um determinado setor não funciona. Um ótimo piloto de corrida de Fórmula 1 pode perder a corrida porque, ao parar no box para trocar um pneu, um dos encarregados não apertou o parafuso como deveria. Ele irá ficar sem o pneu mais adiante e poderá até causar ou ser vítima de uma catástrofe. Portanto, não adianta ter um ótimo piloto e um péssimo apertador de parafuso, não adianta ter quarenta e nove músicos excelentes em uma orquestra e um que desafina. O mesmo vale na pequena empresa para o empresário, a quem compete dispensar o funcionário relapso ou ineficiente. Um setor que não funciona compromete os demais, é uma ameaça ao capital do investidor, ao emprego dos demais trabalhadores, até mesmo aos fornecedores e consumidores.

A dispensa, em determinados casos, é inevitável, questão de vida ou morte empresarial, lógica imposta pela realidade. Uma empresa no mercado capitalista pode ser comparada com os animais vegetarianos na savana africana: eles têm de dormir em de pé e com olhos abertos para fugir ao primeiro sinal de aproximação de um carnívoro. Se não ficar atenta, a empresa será devorada pela concorrência e o empresário, por não dispensar o funcionário ineficiente, será dispensado pelo consumidor, podendo provocar uma catástrofe para seus fornecedores e demais trabalhadores, que perderão o emprego e não receberão o que têm direito. Há bondades que, além de inúteis, transformam-se em maldades. Pode-se ser bondoso sem ser desastroso. Mesmo um sindicato laboral não pode gastar mais do que recebe. Por mais pró trabalhador que seja, se a receita cair ou os custos subirem, terá de reduzir seu quadro de funcionários.

É comum também que as empresas entrem em crise. Algumas se recuperam, muitas fecham suas portas. São poucas as pequenas empresas que chegam a dez anos de vida ou as grandes que chegam a trinta ou quarenta. No caso de restaurantes, para citar um exemplo fácil de verificar, essa terrível mortalidade é constatada no dia a dia das pessoas e pelos guias publicados semanalmente pelos jornais. Basta pegar uma relação dos melhores de dez anos atrás para perceber que 80% ou mais deixaram de existir. Bares desaparecem mais rapidamente ainda e casas noturnas são consideradas fora da moda quando duram mais de três anos. Os jovens querem novidades.

O que fazer com os trabalhadores nas ocasiões de crise e ameaça de encerramento de atividade? Se a empresa entra em crise, se não pode cumprir suas obrigações, pagando em dia, por exemplo, e se não têm solução rápida e certa para se recuperar, não deve enganar ou prometer o que não conseguirá cumprir. Muito melhor é contar a verdade, agir de forma transparente, dialogar, facilitar a saída dos trabalhadores, se eles assim preferirem. De outro lado, como alguns podem se identificar com a empresa ou seu dono, como nem todos gostam de trocar de emprego, ou têm como fazê-lo, pode-se procurar obter a solidariedade da equipe, consolidar uma proposta para que todos lutem juntos contra a adversidade e tentem obter o retorno dos bons tempos. É como fazem em certas situações jogadores, técnico, diretores de um clube de futebol, que têm brio e querem impedir que o time caia para a divisão inferior. Todos devem lutar juntos, lealmente, solidários.

Concluindo, a contratação correta, o clima, o tratamento respeitoso e justo, a formação de uma cultura empresarial positiva, são fundamentais para evitar reclamações trabalhistas, uma das maiores pragas dos tempos atuais e risco permanente para as empresas. Somadas, elas podem resultar em desestabilização, dispêndio de recursos fundamentais, contaminando qualquer cultura empresarial, tornando-a negativa, levando até mesmo a greves, intervenções do MPT, MTE ou à falência.

5 CULTURA EMPRESARIAL

A formação de cultura empresarial é imprescindível para o sucesso de uma empresa e para se evitar ou reduzir o número de reclamações.

A cultura é representada pelos valores, pelas crenças, pelos relacionamentos, pelas expectativas que vigoram no interior da empresa, entre proprietários, gestores, trabalhadores e demais envolvidos. Pode ser positiva ou negativa. É negativa quando há desmotivação, descrença, desconfiança, quando ocorrem conflitos, indisciplina, furtos, descuido com equipamentos e com a qualidade dos produtos ou serviços, faltas reiteradas e sem justificação. É positiva quando, ao contrário, todos sentem fazer parte de uma equipe, estão motivados, acreditam e valorizam o que estão fazendo, quando se identificam com a empresa e seus objetivos.

Isso é muito fácil de perceber em equipes esportivas. Quem já não viu um time pequeno ganhar de outro, grande, composto de craques. Até mesmo os poderosos Real Madrid e Barcelona caem volta e meia frente ao Getafc ou outros times desconhecidos da Espanha, nos quais a soma dos salários de todos os jogadores não é suficiente para pagar o jogador de menor salário do time grande. Nessas ocasiões, os jogadores do time pequeno usam corações e mentes e não apenas braços e pernas; eles superam craques que muitas vezes jogam apenas pela remuneração.

Também no futebol temos exemplos da importância do gestor ou do técnico, que é quem faz a equipe jogar de um jeito ou de outro. Muitos técnicos ganham campeonatos com times formados por pernas de pau, graças à motivação, à disciplina, que levam à superação das limitações. Como já dito, Luiz Felipe Scolari, escolhido para formar a seleção brasileira em uma Copa do Mundo, não levou Romário, na época um dos grandes craques brasileiros. O motivo é simples: Felipão, como também é conhecido, queria ter uma equipe integrada e solidária, forjar uma cultura positiva, obter coesão e ordem. E o craque, famoso, consagrado, já era sabidamente avesso à disciplina, poderia tumultuar o ambiente, desmoralizar o técnico e dirigentes, influenciar negativamente os mais jovens. Ele optou por prescindir do craque.

Por esses exemplos se constata o valor da motivação, treinamento, entrosamento, qualidades que devem ser permanentes. Em condições de igualdade, com a mesma motivação, evidente que o time grande, com muitos talentos, bate o pequeno. Quem vê no seu funcionário só pernas e braços não chega a lugar nenhum, apenas está colecionando inimigos. Corações e mentes são mais importantes, movimentam braços e pernas. O contrário é impensável.

A motivação se cria cultivando valores positivos. Eles têm de ser aplicados no dia a dia e explicados em conversas e reuniões, para que mesmo os trabalhadores mais humildes entendam as virtudes de suas funções, a importância delas para a empresa, para a sociedade e até para o país. O trabalhador tem de entender o que é uma empresa, porque até a lei a define por seu valor social (os novos códigos, não a CLT, que usa conceitos de 70 anos atrás e diz que ela é risco exclusivo do empreendedor, simples assim), pelos benefícios que ela gera para a sociedade, o país e até mesmo, direta e indiretamente, para sua família.

Serve de exemplo uma pequena historieta segundo a qual uma pessoa se aproxima de uma construção e pergunta a um trabalhador o que ele está fazendo e ele responde: uma parede. O visitante dirige a mesma pergunta a um outro, que fazia a mesma coisa, mas este responde, orgulhoso: estou construindo uma escola onde as crianças da comunidade irão estudar (no original, seria uma catedral, mas julgamos que uma escola é mais atual).

Num ambiente com cultura empresarial positiva, é bem mais agradável trabalhar, as pessoas se sentem motivadas, valorizadas, com autoestima, as reclamações são raras, as sugestões para melhorar, muitas. Esse clima envolve e se reflete na vida pessoal e familiar das pessoas. Quando o empresário precisa de uma testemunha, para desmentir uma afirmação mentirosa em uma reclamação, ele a encontrará facilmente. O reclamante, por sua vez, terá dificuldade para conseguir alguém que vá testemunhar contra esse tipo de empregador, mesmo entre os que saíram da empresa.

Lembro uma vez que fui representar um restaurante do qual fui sócio em audiência trabalhista e ali encontrei um garçom que não só tinha ajudado a defender no fórum, pelas consequências de uma colisão de veículos, como sempre fazia dupla de defesa comigo no jogo de futebol anual que realizávamos entre proprietários e garçons contra funcionários da cozinha e manobristas. Era uma festa, regada a chope e churrasco, com sorteios e distribuição de brindes, extensiva a familiares, uma ótima forma de forjar cultura positiva. Ele ficou constrangido e disse que a reclamação se devia à sua revolta contra um sócio jornalista. Este saía do jornal após às 23 horas e levava colegas para jantar e beber no restaurante (não se pensava ainda em leis secas). Os funcionários, que costumavam ir para casa antes da meia-noite, tinham de ficar até mais tarde. Os que não tinham carro só voltariam para casa às cinco horas da manhã, pois os ônibus paravam de circular à meia-noite. Com um pouco mais de sensibilidade, esse sócio poderia pedir o jantar quando chegasse e, depois de servido, dispensar a equipe, deixando apenas um *barman* para atendê-lo e pagando um táxi para ele voltar para casa; seria mais justo e mais barato.

A relação de amizade fez o trabalhador aceitar um acordo razoável também para a empresa. O sócio jornalista, ao saber do fato, lamentou sua falta de atenção. Esses detalhes devem ser vistos em pequenas empresas e até grandes. O exemplo mostra que é importante respeitar o funcionário, que não adianta um sócio respeitá-lo e outro não, que cultura interna funciona, que é preciso ficar atento também aos detalhes. Muitas vezes, incomodamos desnecessariamente o trabalhador e ele, por medo de perder o emprego, ou por temor reverencial, não se manifesta (no caso, além de o sócio ser jornalista renomado, ele levava também outros famosos para jantar). Mas certamente irá pensar em dar o troco, assim que for possível.

Há elementos comuns na cultura de diversos países, mas há também características típicas. A dos EUA é individualista, a do Japão prioriza a equipe, a da Alemanha valoriza a disciplina e a aplicação. Em todos, porém, deve-se valorizar em menor ou maior grau o trabalho do conjunto, pois este é imprescindível para obter resultados. Um corpo de funcionários disciplinados, motivados, criativos, vale mais que ativos como prédios, equipamentos ou recursos em bancos. Estes só são úteis se tiverem equipes para usá-los e produzirem. Uma boa equipe gera recursos, prédios, equipamentos, mas estes não geram necessariamente uma boa equipe.

No Brasil, valorizam-se relações pessoais, amizade, solidariedade, muitas vezes a criatividade na busca de soluções e entendimento, o jeitinho brasileiro, que pode servir para o bem, mas, também, ser usado para complicar ou confundir. Cada empresa tem, dentro dessas linhas gerais de cultura, suas características mais específicas e deve explorá-las ou pensar em mudar, se não estão correspondendo.

Também é imprescindível na formação dessa cultura positiva o reconhecimento, material ou moral (emocional, afetivo, espiritual) do trabalhador. Um elogio, um carinho, um prêmio simbólico, são muito importantes, como também é importante um prêmio material, uma promoção, uma viagem, uma indicação para um curso de aperfeiçoamento. A combinação de retribuições materiais e imateriais, ora juntas, ora em momentos diferentes, é uma técnica, ou mais, uma arte que o gestor deve dominar.

Uma das retribuições mais importantes que se pode dar a um funcionário que quer progredir é permitir-lhe o aprimoramento profissional e oportunidades de ascensão na hierarquia da empresa. Às vezes, um curso é imprescindível para abrir a oportunidade. A empresa deve tomar cuidado, mais uma vez, com a JT. Se houver alguma prova, mínima que seja, de que a empresa obrigou o funcionário a fazer um curso, pagou por ele, por exemplo, o tempo despendido de aulas poderá ser considerado hora extra. Essas decisões, tomadas genericamente, podem ser deletérias para empresários, trabalhadores e o país, podendo desestimular milhares de possíveis ações das empresas nesse sentido. Se a empresa não pode absorver esses custos, se não quer correr riscos (sempre há juízes mais sensíveis), melhor é emprestar o dinheiro para que o funcionário faça o curso, ainda que a fundo perdido, ou para ele pagar no futuro, quando terá outra situação e outra remuneração, ou então pedir a ele que faça carta assinada, pedindo para que ela o ajude a fazer o curso, isentando a empresa de horas extras. A possibilidade de condenação ainda existe, mas diminui.

A formação dessa cultura positiva exige eventos e reuniões constantes, regulares, com participação mais ampla possível de funcionários e gestores. Estas podem ser enriquecidas por palestrantes uma ou outra vez, não só para falar de gestão ou marketing, mas mesmo de como se relacionar com amigos, como evitar problemas de saúde na família, como ajudar os filhos a evitar drogas. Todos devem ser estimulados a se expressar. Quando menos se espera, recebem-se contribuições importantíssimas dos trabalhadores sobre como economizar recursos em determinado setor, como solucionar este ou aquele problema, como produzir mais e melhor, como comercializar a produção. Deve-se ouvi-los, tentar atender reivindicações, explicar que quanto melhor estiver a empresa, melhor eles estarão, demonstrar isso concretamente.

Pode-se citar, mais uma vez, o exemplo de um time esportivo: quanto mais ele vence, mais seus jogadores são valorizados, mais torcida leva ao estádio, menos risco de o salário atrasar, maior a possibilidade de um aumento ou de obter um benefício. Acontece o contrário quando o time perde seguidas vezes.

Nessas mesmas reuniões será possível explicar a importância do cliente, como ele deve ser preservado, como conquistar outros. Isso com cuidado, sem exageros, sem criar tensões demasiadas, sem ridicularizar, pois, ultrapassados determinados limites, com ou sem razão, a Justiça do Trabalho poderá considerar que está ocorrendo assédio moral. Mesmo estabelecer simples metas pode ser considerado assédio por juízes que não têm a mínima ideia do que é o universo empresarial e a disputa por espaços no mercado. Saber estimular e cobrar o trabalhador a ser mais produtivo sem cometer o que o juiz acha ser assédio moral é como andar no fio de uma navalha, mas não há alternativa. Se o trabalhador não for produtivo, a empresa não é produtiva, e então quebra. Melhor é enfrentar os juízes e fazê-los mudar o entendimento com as portas abertas.

A contribuição do PNBE

Uma das alterações mais notáveis na conduta de muitos setores da classe empresarial, em relação à democracia e com os trabalhadores, foi do PNBE – Pensamento Nacional das Bases Empresariais. Trata-se de uma entidade civil criada por um grupo de jovens empresários, do qual eu me orgulho de ter participado, e que nos anos oitenta e noventa do século passado atuou intensivamente. Concluímos que seria impossível ter uma empresa excelente, segura, bem sucedida, em um país onde houvesse miséria, analfabetismo, corrupção, ditadura, os trabalhadores não tivessem renda crescente, educação, autoestima etc. Portanto, além de lutar pela empresa, o empresário deveria lutar por um país melhor.

Empresários do PNBE dessa época se espalharam pela

sociedade, criando a Fundação Abrinq, o Instituto Ethos, o Movimento Nossa São Paulo, a Transparência Brasil, o Instituto Akatu, entre outros. Participei principalmente da criação do Instituto Vitae Civilis, hoje uma das mais respeitáveis ONGs de defesa do meio ambiente, respeitada mundialmente.

Ainda na década de oitenta, quando o movimento sindical tentava se reerguer das sombras, onde foi colocado pela ditadura militar, os empresários do PNBE organizaram diversos debates, viagens conjuntas com as mais destacadas lideranças de trabalhadores da época (Jair Meneghelli, Vicentinho, Medeiros e outros) a Israel e Espanha, para estudar os pactos sociais feitos por empresários e trabalhadores. Coube a esses empresários desenvolver um ideário e provocar verdadeira mudança na conduta da classe empresarial, grande parte dela incrustada na FIESP, entidade na época autoritária e impopular, extremamente avessa ao diálogo, às convenções coletivas e a respeitar os direitos sindicais e políticos dos trabalhadores.

O PNBE definiu-se por um país "socialmente justo, politicamente democrático, eticamente respeitável, ambientalmente sustentável e economicamente soberano e desenvolvido".

O ideário dessa organização, lembremos que data da década de oitenta do século passado, é exemplar e atual para indicar como devem se relacionar empresários e trabalhadores:

"O PNBE acredita que o encaminhamento das questões nacionais deve se dar em regime democrático, no qual o processo de discussão tenha por base os seguintes conceitos:

1. Possibilidade de participação de todos os segmentos da sociedade, operacionalizada pela negociação.
2. O processo de negociação deve se dar com o compromisso de transparência entre as partes e observância de princípios éticos.
3. A diversidade de opiniões não apenas deve ser respeitada, mas trazida ao debate para enriquecê-lo e legitimá-lo.
4. O conflito é inerente à relação entre as partes sociais e deve ser entendido como indicador de diversidade, e não motivador de ruptura.

Este processo deve ter por objetivo:

1. O desenvolvimento econômico e a justiça social, com uma melhor distribuição de renda e liberdades individuais plenas.
2. Um Estado instrumento de realizações dos anseios sociais.
3. Uma sociedade organizada economicamente com base na livre iniciativa, na economia de mercado e num mercado interno forte e integrado competitivamente à economia internacional, na qual o lucro seja um instrumento do desenvolvimento, a eficiência econômica um meio para obtenção da qualidade de vida e onde haja respeito aos patrimônios nacionais, sejam humanos, materiais ou ambientais".

6 O RISCO DO PASSIVO, OSTENSIVO E OCULTO

Os riscos do passivo trabalhista: vínculo de emprego, rescisões, jornadas, descumprimento da convenção, benefícios, o novo aviso prévio, home-office e uso de novas tecnologias.

O empresário tem que estar sempre atento à provável criação de passivos trabalhistas dentro de sua empresa. Muitas vezes, o trabalho extenuante ou mesmo a rotina seguida o impedem de ver falhas que estão ocorrendo até na sua sala. Em outras situações ele tem conhecimento da lesão ao direito do trabalhador, mas acha que mais tarde ou mais cedo terá uma folga financeira e o pagará. Existem os que o lesam dolosamente, pois podem pagar, mas preferem aumentar seus lucros e, quanto a estes, a JT têm razão em procurar puni-los.

Também os trabalhadores se diferenciam: uns protestam contra o que julgam ser lesivo a seus direitos sem deixar a empresa e muitas vezes fazem acordos e continuam sendo prestativos. Existem os que vão ao sindicato ou ajuízam reclamações, também sem sair da empresa; outros preferem deixá-la para ir denunciá-la na JT; há os que sabem ter determinados direitos, não adimplidos, mas nada falam, ora por timidez, ora medo de perder o emprego; finalmente, alguns esperam pacientemente, sofrem a lesão, fazem as contas, acumulam direitos por vários anos, como se fosse uma poupança, e então vão reclamar, pedindo tudo com juros, correção e multas. Raros são os que, lesados, saem sem reclamar.

Esse passivo é sempre um risco para o empresário, especialmente se ele não o contabiliza como tal. Muitas vezes, julga estar tendo lucro ou que a empresa está equilibrada financeiramente e esta situação só é atingida graças ao não pagamento desses direitos. O passivo acabará aparecendo quando da reclamação, ou no encerramento da empresa, por ocasião de uma auditoria ou mesmo na hora de sua venda a terceiros. Estes poderão constatá-lo através de consultores ou advogados.

Um dos principais motivos de passivo está na existência de trabalhadores que prestam serviços para a empresa como se fossem autônomos ou independentes e após algum tempo reclamam e têm o vínculo de emprego reconhecido. Isso tem acontecido também em contratos com pessoas jurídicas que pertencem a prestadores de serviço: consultores, assessores de imprensa, entre outros.

Empresas e trabalhadores autônomos tentam estabelecer e manter relações sem vínculo trabalhista por serem menos dispendiosas para ambos. Deixando de pagar tantos encargos, a empresa pode pagar melhor um consultor independente, não apenas por sua competência, mas também por não ter direito a férias, 13°, FGTS, horas extras e outros benefícios. Muitos deles, porém, reclamam na Justiça do Trabalho, alegando que a relação de autonomia disfarçava uma relação de emprego. Em alguns casos, como acontece com advogados, jornalistas e outros, se estes trabalharem como empregados, mas como se fossem autônomos, ou pessoas jurídicas, o passivo que está sendo criado pode ser imenso. É que certas profissões tem remuneração mínima e jornada de trabalho menor, quatro horas nos casos citados. Advogados podem trabalhar em período integral com contrato de exclusividade ou como associados. Mas mesmo estes podem ser questionados e não geram segurança.

Diz o art. 3º da Consolidação das Leis do Trabalho, *"considera-se empregado toda e qualquer pessoa física que prestar serviços de natureza não eventual a empregador, sob a dependência deste e mediante salário"*. Por consequência, quando se faz contratos com autônomos, deve-se frisar bem a independência do contratado, nas cláusulas escritas, e mantê-las na prática do dia a dia. Em especial, deve-se evitar a subordinação. Pode-se dar orientações, exigir resultados, mas não se pode dar ordens explícitas constantes e detalhadas, deve-se evitar que trabalhem no interior da empresa, em períodos regulares, sob pagamento de remuneração sistemática. Isso é emprego, e então a empresa é condenada a pagar todas as demais verbas não recebidas e pelo valor maior de remuneração, previsto no contrato de *autônomo*.

Também são passivos comuns os decorrentes de admissão de trabalhadores informais ou de terceirizados vindos de empresas inidôneas. Se a empresa contrata um serviço terceirizado e a prestadora não paga corretamente os funcionários, ela, como tomadora desses serviços – segurança, limpeza, manobristas, porteiros, motoristas, entre outros –, terá de se responsabilizar pelo cumprimento de todas as obrigações, pagamento de todas as verbas devidas, subsidiariamente (solidariamente, para alguns juízes, ou seja, no mesmo nível).

Equívoco comum acontece quando a empresa, ao verificar que um trabalhador está ganhando mais do que ela pode lhe pagar, tenta rescindir o vínculo e contratá-lo por valor menor ou sem determinados benefícios. A JT costuma invalidar essas rescisões e considerar o vínculo mantido nas condições que existiam. Em reclamação, a empresa poderá ser obrigada a pagar tudo o que pensava ter economizado, com juros e correção. Há as que querem evitar os pesados encargos e reter funcionários dedicados ou talentosos, pagando parcelas por fora, ou concedendo benefícios, como cartões de créditos corporativos, viagens, carros.

Todos poderão ser considerados remuneração, avaliados monetariamente e aumentar explosivamente a reclamação. Igualmente, ceder porcentagem mínima (1%, por exemplo) das quotas da sociedade a um funcionário pode não livrar a empresa de uma reclamação e esta ser declarada procedente, especialmente se a subordinação continua evidente.

Outros passivos podem decorrer do não pagamento de horas extras ou qualquer outro valor a que tem direito o trabalhador, do preenchimento incorreto da carteira de trabalho ou do termo de rescisão de contrato de trabalho, da marcação incorreta de ponto, de férias vencidas e não gozadas, pagamento incorreto de vale-transporte ou vale-refeição, lavagem de uniforme, aumentos não concedidos, ausência de intervalo para almoço ou de descanso durante a jornada, pagamento das verbas remuneratórias sem inclusão das comissões, enfim, de muitas dezenas de itens decorrentes do descumprimento da legislação, da convenção coletiva, do contrato individual ou mesmo de alguma verba prevista em criação jurisprudencial da JT.

Também ocorre passivo quando a empresa não concede integralmente o descanso previsto na CLT para a refeição, de uma a duas horas. Havendo previsão na Convenção Coletiva e aprovação do Ministério do Trabalho, as empresas podem reduzir em 30 minutos esse intervalo e permitir que os trabalhadores saiam 30 minutos antes no final da jornada. Porém, sem essas condições, se a empresa reduzir o intervalo, mesmo que ofereça a compensação, será condenada a pagar os 30 minutos a menos de intervalo, como horas extras, no mínimo, pois há juízes que condenam empresas a pagar a hora integral e outros ainda acrescentam a multa de 50%.

Um passivo que as empresas têm formado está no desconto de contribuições assistenciais ou confederativas retiradas do salário do empregado e repassadas a sindicatos laborais. Mesmo que esteja previsto nas convenções coletivas, se o trabalhador não é associado ao sindicato, o desconto é ilegal e ele poderá reclamar a devolução com juros e correção. O valor da ação pode assumir valores estratosféricos se for coletiva, abrangendo todos os trabalhadores da empresa ou categoria e pelos cinco anos anteriores.

Também forma passivo, muitas vezes não contado, o tempo que o trabalhador espera pelo transporte da empresa e o que passa em seu interior, quando ela o fornece. Se optar por vale-transporte, mas a empresa só paga uma condução e o trabalhador necessitar de duas, e inexiste bilhete único na cidade, certamente ele reclamará do valor não pago por todo o período trabalhado. Muitos são os casos de condenação por hora extra (entenda-se como trabalho extra) quando se permite ao trabalhador o direito de bater o ponto por tempo superior a cinco minutos, tanto antes da entrada como após a hora de saída. Às vezes, isso acontece até por descuido, porque o gestor não acha relevante prestar atenção no detalhe.

Férias não gozadas são outro tipo de passivo comum. O trabalhador deve tirar férias após completar um ano na empresa, até a data em que completar o segundo ano. Se não a gozar nesse período, tem direito a receber o valor correspondente em dobro. Há previsão de multa para diversas verbas não pagas ou pagas com atraso, algumas na CLT, muitas na convenção coletiva. Relacionamos apenas alguns casos mais comuns; há centenas de outros.

No momento atual, discutem-se passivos e riscos decorrentes da aplicação retroativa da nova lei do aviso prévio, que prevê três dias a mais de indenização por ano trabalhado na empresa, e das súmulas do TST, como, por exemplo, a que determina, na jornada 12 x 36, o pagamento em dobro dos feriados trabalhados, contrariando práticas tradicionais e até convenções coletivas.

Elaboramos diversos pareceres defendendo essas práticas e convenções, principalmente estas últimas, como atos jurídicos perfeitos e combatendo as alterações com base no princípio da segurança jurídica, entre outros. As decisões da JT, algumas até deferindo a retroatividade, foram mais uma demonstração de quão distante está essa área da Justiça das corretas interpretações do texto constitucional. Os juízes fazem questão de lembrar

Como evitar reclamações trabalhistas – e levar a bom termo as existentes

regularmente o mercado de que no Brasil, pelo menos na JT, nem o passado é previsível e inexiste qualquer contrato ou relação trabalhista que com certeza será respeitado pelo princípio da segurança jurídica, como ato jurídico perfeito ou como direito adquirido. Portanto, ao fazer contratos, com trabalhadores e com clientes, o empresário deve sempre estar prevenido, fazer cálculos cuidadosos, manter reservas, inserir cláusulas possibilitando rescindi-los ou aumentar o preço se isto ou aquilo ocorrer, pois as condições podem mudar a qualquer momento. Cabe aos advogados chegar ao STF, onde as teratologias costumam ser derrubadas.

É fundamental que o responsável pelo pessoal, o empresário no caso da pequena empresa, esteja permanentemente vigilante, e até, se possível, que chame algum consultor especializado para examinar o funcionamento da empresa e o cumprimento das obrigações trabalhistas periodicamente. Os advogados da área podem cumprir esse papel.

O empresário desinformado e negligente só descobre o tamanho do passivo quando recebe a reclamação ou uma fiscalização. Às vezes, como nos casos acima, teratológicos, surrealistas, até mesmo os mais prevenidos são surpreendidos. Os advogados que hoje em dia atendem o reclamante são especializados e conseguem alinhar, não poucas vezes, mais de trinta itens de direitos não pagos na inicial da reclamação.

Deve-se somar a esse prejuízo as custas judiciais, que a empresa pagará se perder, os honorários de seu advogado, o tempo perdido por preposto e testemunhas, e vez ou outra a condenação em pagamento em honorários de advogado da parte contrária (condenação rara, mas que tem acontecido, cada vez mais; logo teremos lei com essa previsão). Pior ainda pode ser o impacto negativo na cultura empresarial, na quebra da continuidade, nos custos da substituição. Tudo isso são despesas que devem ser somadas aos passivos que vão sendo formados no dia a dia da empresa.

Uso de internet, telefone fixo e celular

O desenvolvimento de tecnologias recentes pode resultar em problemas diversos, inclusive trabalhistas, se o seu uso não for disciplinado nos contratos de relação de emprego.

Muitos deles se originam no uso da internet pelo trabalhador. Pode-se pensar que ele só deveria ter acesso a ela para fazer seu trabalho, mas é bem melhor adequar seu uso à realidade concreta. Sem regulamento e controle, é difícil evitar que o funcionário faça seus próprios trabalhos (escolares, por exemplo), que passe boa parte do tempo se comunicando com amigos ou visitando *sites* de seu interesse ou para se divertir. Ou, pior ainda, que faça críticas, atos ilícitos, repasse segredos sobre funcionamento da empresa. Ter um certo controle sobre o uso da internet, regulamentar seu uso, é uma questão de produtividade, de segurança e de tentar evitar reclamações trabalhistas.

Existem algumas fórmulas para evitar o uso irregular, mas a empresa deve evitar invadir o computador do funcionário sem mais nem menos, pois isto poderá ser considerado invasão de intimidade e resultar em reclamação com pedido de reconhecimento de rescisão indireta e dano moral.

Se a empresa preferir correr esse risco quando se fizer necessário vasculhar computadores de funcionários, que pelo menos coloque em contrato ou regulamento que é terminantemente proibido usar o computador para tratar de assuntos pessoais ou, então, determine um horário ou limite seu uso para essa finalidade, como se faz, por exemplo, com as linhas telefônicas da empresa: é possível usá-las para receber ou fazer telefonemas de urgência ou muita necessidade ou, então, para comunicações de curta duração. Deve se acrescer normas, em negrito, estabelecendo que a empresa terá direito de averiguar o conteúdo dos computadores, sempre que assim desejar, inclusive uso de e-mails, visita a sites e demais condutas possíveis. Também é relevante que se insira em regulamentos os direitos do trabalhador que trabalha com computador, entre eles o de descanso em determinados períodos. Isto também ajuda a produtividade.

Existem muitos casos em que empresas preferem correr o risco e invadir o computador do funcionário, a maioria relacionada a acusações de colegas contra um deles, que usa a internet para fazer brincadeiras e ofender os demais, e também em situações em que se suspeita que ele a usa para enviar a concorrentes segredos científicos, financeiros ou comerciais ou informações sobre estratégias futuras, marketing, lançamento ou desenvolvimento de produtos pela empresa – o que é crime. Existindo elementos concretos desse ilícito, pode-se pedir autorização à Justiça para fazer perícia ou chamar a polícia para acompanhar ou proceder diretamente à invasão do computador do suspeito, pois se produzirão provas imediatas e mais sólidas, com as quais será possível justificar a demissão na JT, fundamentar abertura de inquérito e propor contra ele e a empresa receptora das informações diversas ações, inclusive de indenização.

Se a empresa fornece um *notebook* ou qualquer outro computador de mão, com o qual o funcionário pode circular, levando-o para casa, pode ficar mais difícil ainda exercer controle e abrir o conteúdo, pois a prática o leva a considerar como se fosse um objeto de uso pessoal.

Se o funcionário usa computador da empresa para fins antiéticos ou até ilícitos, assédio sexual ou enviar mensagens pornográficas a uma colega, um cliente ou terceiros, por exemplo, a empresa pode acabar sendo condenada a indenizar as vítimas, se estas se considerarem ofendidas. Se a vítima procurar pela empresa, ela deve tentar a apuração imediata e punir o agressor, pouco importando seu grau na hierarquia, pois, se assim não for, o ofendido poderá pleitear em juízo a apuração e pedir indenização por dano moral. Com relação a cliente ou mesmo terceiro, a responsabilidade da empresa por conduta ilícita de funcionários, usando equipamento de trabalho, é objetiva, ou seja, independe de culpa. Por sua vez, na JT a empresa costuma ser sempre apenada quando algum funcionário reclama ter sido vítima disto ou daquilo.

É razoável, pois, colocar nos contratos de trabalho ou regulamentos (que todos que trabalham com computador devem sempre tomar conhecimento inequívoco, recebendo cópia, por exemplo, assinando recibo) que o funcionário deve indenizar a empresa caso use irregularmente seus computadores e cause prejuízo a colegas, clientes ou mesmo terceiros que a empresa for obrigada a ressarcir, além de ser justa causa para advertência, suspensão e, nos casos mais graves, demissão.

Na prática, é melhor usar o bom senso, como no caso do telefone: permissão para uso moderado e lícito. Pode-se criar um comitê interno, com os próprios funcionários e gestor, que estude formas de liberar a internet, mediante aceitação de um regulamento, com definição de responsabilidades. A educação é mais eficiente e menos cara que a repressão. Os funcionários devem ser advertidos inclusive sobre o que é proibido acessar na internet, que constitui crime abrir sites pedófilos, divulgar informações da empresa que são segredos ou atentam contra sua imagem, conceito, produtos ou serviços, assim como qualquer outra conduta que perturbe o ambiente de trabalho. Não custa esclarecer que as normas valem para joguinhos eletrônicos, redes sociais tipo facebook, msn, linkedin, orkut, twitter e demais novidades que forem surgindo. Pode-se acrescer que isso também estará sendo controlado por softwares (e estes já existem até gratuitamente, na internet).

A empresa, para evitar dispersão no horário de trabalho, pode instalar salas com computadores para acesso de funcionários, a serem usadas para trocar mensagens com amigos e a família, adentrar redes sociais ou jogos eletrônicos, fazer trabalhos escolares, no período de descanso. Qualquer grande organização sabe hoje como é importante o funcionário ter momentos de conforto, distrações, divertimento, sociabilidade ou então acesso a informações, novidades, nas horas de descanso. É fundamental para maior produtividade, para a criatividade, para a inovação. Portanto, hora de trabalhar, trabalhar; hora de descansar *pernas pro ar* que ninguém é de ferro. Em ambientes mais descontraídos, com funcionários mais satisfeitos, a produtividade é maior.

Muita repressão gera insatisfação, e provoca, em especial, demissão de pessoas talentosas.

O assédio moral por parte da empresa, através de computador ou equipamentos eletrônicos diversos, poderá ser objeto de reclamação por dano moral na JT. O assédio se dá quando a empresa exagera em pressões ou age de forma desrespeitosa para cobrar resultados, quando ameaça com punições ou exige condutas inadequadas.

Em muitos casos, o acesso a redes sociais, sites informativos, acaba sendo útil para a criatividade. Empregados antenados podem produzir inovações, aprimorar produtos, modernizar serviços, com as informações obtidas na internet. Em alguns casos, eles devem ser autorizados ou até obrigados a tomar conhecimento dessas informações.

Deve-se considerar ainda que o uso de computador e mesmo envio ou recepção e resposta de e-mails corporativos fora do horário de expediente podem ser considerados horas extras trabalhadas. Se o funcionário tem de ficar em sua casa, disponível para atender e responder comunicados da empresa e às vezes tomar a iniciativa de dirigir-se a ela, está na mesma situação de quem é obrigado a carregar celular ou qualquer outro aparelho de comunicação, para atender chamados e eventualmente fazer algum serviço. Ou seja, terá direito a hora extra. No caso do celular, súmula do TST definiu que o trabalhador que fica disponível, nessa situação, tem direito a horas extras pagas pelo percentual de 1/3 do valor da efetivamente trabalhada. Provavelmente obrigar o trabalhador a ficar atento à internet fora do horário de trabalho seguirá no mesmo caminho.

Igualmente, o uso de comunicações entre a empresa e o trabalhador por telefone fixo, celular ou qualquer tipo de comunicação por rádio, deve merecer os cuidados acima recomendados para a internet, no que couber, e regulamentação em contrato. Já existe lei federal que dá status jurídico a essas comunicações, ou seja, elas podem valer como prova de trabalho extra. Pode-se prever que, no curto prazo, essas comunicações via internet e rádio ou fone deverão substituir equipamentos fixos de marcação de ponto, inclusive relógios eletrônicos.

Se o funcionário tiver de ficar disponível, sendo possível, que sejam determinados os horários em que terá de se por nessa condição, quanto receberá, como fará prova da disponibilidade ou do trabalho feito, se ele for exigido. O valor da hora terá que ser no mínimo o previsto acima, já simulado.

Por outro lado, se forem desnecessárias comunicações com funcionários fora da empresa, elas devem ser vetadas. No mínimo, se o trabalhador, fora de seu horário de trabalho, fica se comunicando com algum colega da empresa, esta deve ter controle. Ambos têm que fazer relatórios tão logo seja possível, se o assunto for profissional. O mesmo deve acontecer se alguém de dentro da empresa se comunicar com o funcionário que está fora, em período de descanso. Isto é importante para que essas comunicações não sejam no futuro, às vezes anos depois, usadas como prova de horas extras.

Teletrabalho e *home-office*

Ficar disponível não é a mesma coisa que trabalhar. Se o funcionário é posto para trabalhar, ainda que em sua casa, deve receber e, se isso ocorre nos períodos de descanso, conta-se como hora extra, paga com 50% de acréscimo sobre a hora normal ou conforme disposto em convenção coletiva, muitas vezes 100% a mais.

Tem crescido no mercado o teletrabalho, ou seja, a relação de trabalho em que o funcionário desenvolve tarefas em sua própria casa ou em outros locais que não a sede da empresa, comunicando-se com ela ou então com seus clientes, fornecedores e terceiros via internet.

Uma modalidade é o trabalho em casa, em inglês *home-office*, que apresenta inúmeras vantagens para o trabalhador, para a empresa e também para a coletividade.

Entre os benefícios para o trabalhador, ele não perde tempo no trânsito, horas horríveis nas grandes cidades, não gasta com transporte, pode ter mais momentos de convivência com a família, fazer suas refeições junto a ela, trabalhar conforme sua mente e corpo lhe permitem melhor, dar um pulo no supermercado ou ir levar ou buscar o filho na escola.

A empresa economiza com espaço (geralmente alugado), com transporte, uso de WC, energia, mobiliário, e o trabalho pode render mais. Empresa e trabalhador podem partilhar ganhos com transporte, alimentação, energia, água, uso de WC etc.

O estímulo ao trabalho em casa deve ser feito pela comunidade e pelo Poder Público, pois ganha também a cidade com redução de uso de transportes públicos ou de espaço nas ruas, se o trabalhador vai à empresa com veículo próprio. Há ganho com redução de poluição, de investimentos, de acidentes. Os demais usuários de transportes terão mais conforto e agilidade. A solução para as cidades nesse setor, além de restrições ao uso do automóvel e de investimento em transportes públicos eficientes, seguros, confortáveis e rápidos, está em descentralizar atividades que geram empregos e estimular o *home-office*.

Para a empresa evitar horas extras ou problemas trabalhistas, o contrato de trabalho deve detalhar as tarefas, como o funcionário irá trabalhar, em que horários e dias, como deve demonstrar produtividade. Deve constar o veto expresso a trabalhar mais que determinado número de horas ou ficar explícito que só pode trabalhar horas extras com autorização expressa, que deve passar relatórios sobre andamento do trabalho e demais normas necessárias.

No trabalho em casa, cabe à empresa providenciar todo o equipamento de trabalho: computador (compra, manutenção, treinamento), acesso à internet etc. Quanto a refeições e outras despesas, devem ser convencionadas no referido contrato de trabalho.

7 RESCISÕES E PUNIÇÕES DISCIPLINARES

Quais são os tipos de rescisão do contrato de trabalho; como devem ser aplicadas punições disciplinares: advertência oral e escrita, suspensão, dispensa por justa causa; os principais motivos que justificam a dispensa; como se caracterizam a desídia e o abandono de emprego.

O vínculo de emprego pode ser rescindido por iniciativa da empresa, por justa causa ou sem justa causa, ou por iniciativa do trabalhador, que pode pedir demissão a qualquer momento. Em alguns casos, também o trabalhador pode alegar justa causa para deixar a empresa, denominada na jurisprudência de rescisão indireta.

Quanto à empresa, se quer rescindir o vínculo, sendo ele de menos de um ano, poderá fazê-lo na própria empresa ou em seu contador. Se tiver mais que um ano, o vínculo poderá ser rescindido na delegacia regional do MTE ou no sindicato do trabalhador, sempre com pagamento das verbas devidas.

Como já salientamos, há outras formas alternativas de rescisão (CCT, arbitragem), mas a única que transmite segurança é a que se faz perante o juiz trabalhista ou em acordo que ele homologa.

Eis aqui outra alteração necessária e possível na legislação. A rescisão deveria ser sempre na empresa ou seu contador, evitando deslocar funcionários ou ocupar pessoal no sindicato laboral ou no Ministério do Trabalho. Isso porque o trabalhador, sempre que se julga lesado, procura mesmo pela JT. Além disso, poderia, após a rescisão, se houvesse dúvida – e só nesse caso –, consultar então o MTE ou seu sindicato.

As dispensas sem justa causa, pelo menos por enquanto, são possíveis e não exigem justificativa (há tentativas de fazer valer convenções da Organização Internacional do Trabalho, que vetam dispensas sem justa causa), tanto como a decorrente do pedido de rescisão pelo trabalhador, que pode ser feito a qualquer hora.

Como já visto, em certas situações será possível dizer que o trabalhador pode rescindir o vínculo por justa causa, na chamada rescisão indireta. Ela pode acontecer quando o trabalhador deixa a empresa devido a repetidas infrações ao contrato de trabalho, tais como atrasar pagamento de salários, não depositar o FGTS, exigir demais do trabalhador, entre outras. Nesse caso, ele pode deixá-la e reclamar todas as verbas, como se tivesse sido dispensado sem justa causa.

É preciso tomar cuidado, no entanto, pois o TST já admitiu a rescisão indireta em uma causa em que o trabalhador acusou a empresa de ter atrasado por duas semanas o pagamento do salário. Segundo o relator, houve "descumprimento do contrato". Ai da empresa que entrar em crise, disse o desembargador, ai dos vencidos (*vae victis*), diziam os romanos, ditado que aprenderam com os gauleses; ai dos fracos (*untermensch*), diziam os nazistas; ai dos perdedores (*losers*), dizem os americanos; quem não tem competência não se estabelece, dizemos nós no Brasil.

Nada mais intolerante que a conduta de certos juízes contra os pequenos empresários que não dão certo em seus empreendimentos. Depois de perder o patrimônio, às vezes a repu-

As punições disciplinares

A cultura empresarial, por mais forte e positiva que seja, não evita um ou outro ato de indisciplina. Como já comentamos, essa resposta não tem que ser necessariamente uma punição, especialmente no caso de um bom funcionário que comete falta leve, algum pequeno deslize, negligência sem consequências ou simples desídia. No entanto, a punição deve existir no caso de faltas leves repetidas, ou nas médias ou mais graves, ainda que sejam únicas, e deve ser aplicada na primeira oportunidade possível, exigência imposta por interpretação jurisprudencial e como forma de evitar a contaminação do ambiente.

Punições só podem ser aplicadas por quem tem poderes para tanto. Se é o dono da empresa e ele não está presente, deve-se esperar por ele. A demora por vários dias pode ser tida como perdão tácito pelo juiz trabalhista. Se houver, será preciso explicá-la.

Há casos excepcionais, em que o funcionário a ser dispensado é imprescindível no restante do dia ou até por alguns dias, não tendo substituto. Deve então ser mantido até ser substituído. Se houver reclamação, a empresa terá que provar a impossibilidade de dispensar o trabalhador de imediato, sem antes ter substituto.

Se for preciso um período para apurar quem cometeu a infração ou sua extensão, pode-se esperar pelos resultados, jamais cometer injustiça. São muitos os casos em que é preciso abrir um procedimento administrativo para apurar a culpa, ouvir testemunhas, fazer uma perícia técnica ou contábil ou usar outros meios para se chegar a uma conclusão.

A punição deve ser uma só. Não se pode suspender e depois, pela mesma infração, dispensar o funcionário. No jogo de futebol, um juiz quando mostra um segundo cartão amarelo

Como evitar reclamações trabalhistas – e levar a bom termo as existentes

a um jogador, ergue também o cartão vermelho, expulsando-o de campo. Na relação de trabalho, o empresário pode dar vários amarelos, mas quando julga que eles não estão resolvendo, deve mostrar logo o vermelho pela última falta, mesmo que leve. Na JT não se admite a dupla punição pela mesma infração.

A aplicação de punições deve levar em conta a conduta do funcionário por todo o tempo de serviço: seus anos no emprego, sua lealdade, a importância de sua função para a empresa e a dificuldade de substituí-lo. Um trabalhador surpreendido, no dia seguinte à sua admissão, fumando no interior da empresa, em local que sabe ser proibido o tabagismo, pode ser dispensado por justa causa, mas não é justo que se faça isso com outro que tem dez anos de serviço sem nunca ter sido sequer advertido. Ou seja, pode-se tolerar pequenas faltas de um funcionário que se dedica há anos a empresa, mas, passando de certos limites, é preciso dispensá-lo.

Também delicado, tolerante, individualizado, pode ser o tratamento com os que são talentosos ou muito importantes; mas se houver exagero, se forem excessivamente nefastos à equipe, é preciso dispensá-los, como fez o Flamengo com Ronaldinho Gaúcho ou o Corinthians com o centroavante Adriano (o "imperador"), em 2012.

A conduta dos funcionários talentosos pode ser imprevisível e é preciso competência para saber aproveitar o que eles têm de bom e evitar o que têm de ruim. Depois de causar muitos problemas ao Flamengo, Ronaldinho Gaúcho foi para o Atlético de Minas Gerais e, no mesmo ano, 2012, contribuiu decisivamente para colocar seu time entre os melhores do país; Adriano foi para o Flamengo e continuou seus atos de indisciplina.

Lidar com talentos também é uma arte. Mas é certo que, sem equipe, colaboradores, gestão, eles pouco ou nada podem fazer. Felipão ficou um tempo no Palmeiras, ganhando centenas de milhares de reais por mês, e o deixou após perder mais de 70% das partidas, com o time na iminência de ir para a segunda divisão. Com a mesma equipe, nada talentosa, ganhou a Copa Brasil. Segundo os analistas, por ter infundido entusiasmo, motivação, na equipe, nos jogos de "mata-mata". Não conseguiu o mesmo em um campeonato longo e estafante. Resta-nos mais uma lição: entusiasmo tem limites, é preciso dosá-lo com competência.

Se um funcionário é dispensado por justa causa, ele perde vários direitos e a empresa é menos onerada. Não tem que pagar multa sobre o FGTS ou aviso prévio. Parte da jurisprudência não lhes reconhece sequer o direito a férias e 13º salário proporcional, se ainda estavam no primeiro ano de serviço. O exemplo, por sua vez, será observado por muitos outros que serão desestimulados a repetir erros de conduta, excessos de individualismo, ações desagregadoras, atos de desrespeito para com o gestor, seus colegas, os clientes ou quem quer que seja. Na vida em sociedade, todos merecem respeito e o mesmo deve acontecer no interior da empresa, onde se tem uma função profissional.

O dispensado por justa causa não deve receber verbas como se fosse dispensado sem justa causa, pois isso estimulará outros a cometer infrações por acharem que também serão premiados com verbas de uma dispensa sem justa causa. Se um funcionário comete infração e não é punido, a empresa está sinalizando uma política com margens demasiadamente amplas de tolerância.

A mais drástica das punições é a dispensa por justa causa. Toda dispensa é uma decisão difícil de tomar, principalmente do ponto de vista humanitário. É muito triste dispensar alguém que precisa do emprego. Mas deveria ser mais simples do ponto de vista burocrático, o que não acontece no Brasil, tantas são as ingerências do Poder Público e os obstáculos da legislação trabalhista. Quanto mais complexa e cara é uma rescisão, menos propenso fica o empreendedor a contratar pessoas.

As penalidades gradativas

Antes de mais nada, todo funcionário deve ter noção da importância da disciplina em uma empresa, de como a indisciplina pode comprometer o trabalho do conjunto e até a sobrevivência do negócio e o emprego de todos. A questão da disciplina deve ser um dos temas das reuniões sobre cultura empresarial. Já citamos exemplos da necessidade de comprometimento, comuns no futebol, que sempre citamos porque esse esporte todo brasileiro conhece e sabe como funciona. Aliás, até mesmo pessoas com pouca escolaridade entendem os complexos esquemas dos técnicos, conseguem escalar times competitivos, o que prova que também podem vir a entender orientações que levam à formação de um bom clima organizacional, técnicas de trabalho e a necessidade da disciplina.

Convém, num primeiro momento, não sendo a infração muito grave, chamar o faltoso para conversar e explicar-lhe como sua conduta prejudica a empresa em geral e o ambiente ou setor onde ele trabalha em especial, que seu ato de indisciplina não deve ser repetido, que não pode mais ser admitido. Pode-se fazer um apelo, uma tentativa de convencimento para que ele se conduza de forma adequada, e adverti-lo de que não restará alternativa à empresa senão puni-lo em caso de reincidência, o que não é desejável.

O gestor deve deixar bem claro que essa punição, se acontecer, será por culpa do faltoso, pela necessidade de se manter a empresa funcionando e atendendo seus clientes, pagando seus impostos, produzindo bens e serviços para sociedade. Aliás, também é interessante, educativo, que os demais funcionários entendam as causas da punição de um deles, que se dá para o bem de todos que vivem da empresa. No entanto, é preciso considerar que certos juízes trabalhistas não pensam assim e condenam empresas que divulgam a punição e seus motivos, especialmente se vexatórios. O gestor deve então fazer uma análise da relação custo-benefício. Entendemos que, se a infração do funcionário é ostensiva, a punição também deve sê-lo. Afinal, como entender, por exemplo, que um trabalhador ofenda um superior ou mesmo um colega e não seja punido? E como os demais poderão saber que a punição existiu, se não for possível divulgá-la?

Se conversas e conselhos não resolverem e pequenas infrações continuarem a se repetir, o gestor deve preocupar-se em começar a punir o indisciplinado. Sendo a infração considerada leve, a punição deve ser equivalente. Pode-se dar uma advertência verbal e, depois, havendo reincidência, aplicar outra escrita. O fato é que, se as infrações se repetirem, elas deixam de ser leves e o gestor pode aplicar uma suspensão e, se mesmo assim a indisciplina persistir, pode ter chegado a hora da dispensa por justa causa.

As penas disciplinares aplicadas dentro de uma empresa devem ser equitativas, justas, proporcionais, razoáveis. Uma mesma infração, não deve levar a uma mesma punição, para todos os casos. Aristóteles já dizia que "a igualdade consiste em tratar igualmente os iguais e desigualmente os desiguais". Equitativo, justo, razoável, é levar em conta situações diversas, funcionários com diferentes históricos, como no caso de tabagismo, já relatado.

Procedimentos para dispensar

A dispensa deve ser precedida de uma explicação ao funcionário, tanto se for por justa causa (em alguns casos ele já sabe o motivo, por ser óbvio) como, com mais razão, se for sem justa causa. Uma rescisão sem qualquer explicação magoa o trabalhador. Uma explicação fundamentada ("temos que dispensar porque a empresa está em crise", "não tem recursos"), além de amenizar o fato para o funcionário, pode evitar a reclamação ou ajudar num futuro acordo se ela ocorrer ou ainda evitar que ele denuncie, a órgãos públicos, à mídia e a clientes, problemas, reais ou imaginários, que podem estar ocorrendo na empresa.

Há casos em que o trabalhador impede seu advogado de inserir na petição um pedido tradicional: que o juiz notifique os fatos denunciados à Caixa Econômica (quando a empresa não deposita FGTS), ao INSS (por não depositar verbas previdenciárias), à Polícia Federal (se verbas foram descontadas dos funcionários, mas não recolhidas), ao MPT e MTE (por descumprimento da legislação trabalhista), entre outras. E faz isso por respeito à empresa que o tratou sempre bem e não lhe pagou por estar mal das pernas. Essas denúncias do juiz, feitas por ofícios, eram rotina anos atrás, mas hoje em dia só acontecem em casos mais graves, pois os próprios órgãos públicos deram a entender que não podiam processar as milhões de denúncias que recebiam, muitas por simples suspeitas, denúncias superficiais ou por serem simples infração administrativa.

Muitas vezes, o juiz opta por oficiar os órgãos públicos e então estes iniciam rigorosas fiscalizações na empresa e os resultados podem ser desastrosos para quem não tem tudo em ordem. Ao dispensar, a obrigação do empresário é elaborar o termo padrão de rescisão do contrato, pagar as verbas devidas e "dar baixa na carteira" (registrar na carteira profissional do trabalhador o encerramento do contrato de trabalho). Se a empresa se recusa a "dar baixa na carteira" e expedir guia para o trabalhador receber o seguro desemprego, ele pode futuramente alegar que por esse motivo não conseguiu emprego ou deixou de receber seguro desemprego e exigir indenização, pedidos que quase sempre são atendidos. Se não tem recursos imediatos, a empresa deve tentar um acordo e ir pagando tão logo se faça possível.

Há casos em que empresa e funcionário combinam a rescisão para que este levante o FGTS depositado. Nesse caso, como a empresa tem que depositar a multa prevista (40%) e o aviso prévio, ela o faz, mas o funcionário fica apenas com o valor do FGTS, devolvendo o restante. Trata-se de ilícito, administrativo, trabalhista e penal, que pode resultar em graves punições à empresa. A ação penal será dirigida contra o empresário e o trabalhador. Também tem sido muito comum que o funcionário nada devolva à empresa e ela nada poderá fazer contra ele, pois participou de ato ilícito, foi cúmplice. Se tentar cobrar em juízo, o magistrado dirá que "ninguém poderá usar em seu favor a própria torpeza" e enviará cópia dos autos ao Ministério Público, para abrir ação, e à Caixa Econômica, para que cobre o FGTS levantado irregularmente pelo funcionário. Qualquer ação da empresa visando permitir que o trabalhador, irregularmente, levante o FGTS, será considerada como dispensa sem justa causa, levando à condenação dela em todas as verbas daí decorrentes.

A dispensa por justa causa

Na dispensa por justa causa, a empresa deve não só ter o cuidado de ser justa, mas também de fazer provas. Acontece não poucas vezes de a empresa dispensar um funcionário julgando fazê-lo por justa causa e se equivocar. Outras vezes têm razão, mas não faz a prova. Em ambos os casos, o trabalhador ganhará a reclamação se procurar a JT. A prova de que a dispensa foi por justa causa é ônus da empresa.

Ocorrendo a reclamação com esses contornos, além das diversas verbas devidas por dispensa sem justa causa, a empresa poderá ser condenada por danos morais. O trabalhador pode alegar que a rescisão do contrato de trabalho por justa causa lhe causou danos morais subjetivos e/ou objetivos. Os subjetivos atingem a autoestima, a honra interior do funcionário, e serão admitidos pelo juiz se a acusação da empresa for grave, de algum delito desonroso. Ele pode, inclusive, dizer-se vítima de uma conduta injusta da empresa, que sente justa revolta, humilhação, tidos como dano subjetivo, interior. O dano moral objetivo acontece quando o fato atinge a reputação, o conceito do trabalhador. Ficará mais difícil encontrar o próximo emprego, ele não terá carta de referência, os colegas de trabalho e demais pessoas que tomaram conhecimento do ocorrido o terão como indisciplinado, quiçá delinquente.

A situação da empresa ficará pior se o gestor usar, como motivo para a dispensa, acusações muito fortes e improcedentes. Acusar alguém de, por exemplo, apropriar-se indevidamente de algum valor, seja da empresa, de cliente ou de outro trabalhador, é algo gravíssimo. Se não for verdade, provoca-se uma injustiça imperdoável. Se for verdade, a prova é essencial, pois, em certos casos, quem acusa pode vir a ser acusado de cometer crimes como calúnia (acusar o trabalhador de ter cometido ato criminoso), difamação (espalhar algo que atinge sua imagem, sua reputação), injúria (ofensa, agressão física ou moral, contra sua pessoa). Temos ainda a denunciação caluniosa quando se pede abertura de inquérito, equivocadamente. Esses crimes exigem dolo, intenção, mas nada impede que o inquérito e o processo penal se desenvolvam, mesmo sem o elemento subjetivo, causando incômodos, custos e medo; e a condenação em dano moral é certa, não exige dolo. Muitas empresas, mesmo sabendo que o funcionário cometeu crime, sem ter provas, têm de optar pela dispensa como se fosse sem justa causa, para evitar essas repercussões.

A JT é particularmente rigorosa contra empresas que dispensam trabalhadores e os acusam de desonestos, sem ter provas ou sem fazer no mínimo um boletim de ocorrência. O juiz pode nem acreditar no trabalhador, mas, se não existir prova, condenará a empresa. Constata-se na JT, nesse aspecto, que o reclamante é como o réu na justiça penal. Nesta se diz que, na dúvida, a decisão deve ser a favor do réu, não se podendo condenar alguém sem certeza de que é culpado; na JT, na dúvida, decide-se pró-reclamante.

Se a acusação é feita sem que o trabalhador seja dispensado, a empresa também fica sujeita a punições. Afinal, como não dispensar um funcionário acusado de cometer ato ilícito? Cresce a suspeita de que a acusação foi gratuita, sem motivação. O trabalhador, por sua vez, poderá considerar rescindido o vínculo (rescisão indireta) e pedir as verbas da dispensa sem justa causa e o dano moral.

São comuns os casos em que a empresa dispensa o funcionário por conduta desidiosa ou desrespeitosa, mas na reclamação trabalhista o trabalhador demonstra que ela também não vinha cumprindo com suas obrigações. Nesse caso, o juiz pode considerar que, ante a dispensa por justa causa, prevalece a rescisão indireta; ou seja, o empregado tinha direito à rescisão, a demonstrar insatisfação (por exemplo, se ele não recebia salários há algum tempo ou sempre atrasados, se a empresa não depositava o FGTS), e então a empresa é condenada. Há situações em que o juiz decide que a culpa é recíproca e então condena a empresa em parte das verbas pedidas na reclamação.

Os motivos que justificam a dispensa por justa causa estão elencados no artigo 482 da CLT. Diz essa norma que "constituem justa causa para rescisão do contrato de trabalho pelo empregador:

a) ato de improbidade;
b) incontinência de conduta ou mau procedimento;
c) negociação habitual por conta própria ou alheia sem permissão do empregador, e quando constituir ato de concorrência à empresa para a qual trabalha o empregado, ou for prejudicial ao serviço;
d) condenação criminal do empregado, passada em julgado, caso não tenha havido suspensão da execução da pena;
e) desídia no desempenho das respectivas funções;
f) embriaguez habitual ou em serviço;
g) violação de segredo da empresa;
h) ato e indisciplina ou de insubordinação;
i) abandono de emprego;
j) ato lesivo da honra ou da boa fama praticado no serviço contra qualquer pessoa, ou ofensas físicas, nas mesmas condições, salvo em caso de legítima defesa, própria ou de outrem;
k) ato lesivo de honra e boa fama ou ofensas físicas praticada contra o empregador e superiores hierárquicos, salvo em caso de legítima defesa, própria ou de outrem;
l) prática constante de jogos de azar".

Alguns conceitos mudaram com o tempo.

Embriaguez habitual (não a eventual), por exemplo, passou a ser doença e permite apenas que o empregado seja afastado para tratamento. A condenação criminal também poderá ser questionada, se o trabalhador for condenado a penas alternativas ou se o fato ilícito e a condenação ocorreram antes de ele ter sido contratado. Hoje em dia, considera-se obrigação de todos na sociedade tentar recuperar infratores da lei penal, especialmente se primários e se o delito é de pouca agressividade. Até mesmo a justiça penal têm consagrado o *"princípio da insignificância"* (como seria bom tê-lo reconhecido na JT); não condena mais por infrações de pequeno potencial ofensivo ou delitos considerados de bagatela.

Problema maior que a bebida hoje em dia são as drogas.

Em locais onde trabalham muitos jovens e pais de família deve haver palestras sobre o mal que causam. A empresa deve contribuir para entidades que tentam recuperar drogados, tem que ajudar seus próprios funcionários, se viciados, e quem mais quer se recuperar. É uma das condutas que a sociedade espera da empresa e faz bem para sua imagem. Toda empresa tem que provar, em todas as oportunidades, que não vê nas pessoas apenas fonte de lucros. E, parodiando o dito sobre a mulher de César, não basta ser responsável, tem de demonstrar que é responsável.

Por outro lado, o surgimento de novas tecnologias e relações de trabalho obriga os juízes, os mais sensíveis pelo menos, a pensar em novos motivos pelos quais se pode dispensar por justa causa. Tem se tornado comum admitir a rescisão por justa causa de funcionário que usa a internet no horário de serviço para reiteradamente fazer gracejos indesejáveis com seus colegas. O fato de ele a usar vez ou outra para enviar uma mensagem nem sempre justifica a rescisão por justa causa. O juiz pode considerá-la um exagero, mesmo que a conduta seja proibida. Se essa vez ou outra foi usada para enviar pornografia, a justa causa existe e se está relacionada à pedofilia ou estímulo à delinquência, não só pode ser dispensado como cabe à empresa comunicar à autoridade policial. Se a empresa não comunicar e, em uma reclamação trabalhista o juiz vier a saber do fato (a empresa tentará justificar a dispensa por justa causa), ele poderá comunicar a autoridade policial e esta indiciar o empresário por omitir comunicação de crime. A empresa deve ficar feliz se não for parar nas páginas dos jornais.

O empresário deve observar critérios de justiça, de razoabilidade, de equilíbrio entre a infração e a punição, na hora de aplicar penalidade por ato de indisciplina de um trabalhador. Nessas ocasiões, é bom lembrar que a torcida está olhando. Pode ser um desafio apitar as difíceis partidas do cotidiano e sair de campo com a consciência tranquila e a cabeça erguida. A torcida, por sua vez, deve entender que os jogadores entram em campo para demonstrar suas habilidades e dedicação, e não para dar pontapé nos adversários ou tentar fraudar a jogada levando a bola com a mão. Todo jogo tem de ter regras. O melhor e honesto deve ganhar e não o grosso, o espertalhão, que joga sujo, que chuta o pescoço do outro porque não faz barulho.

Dispensa de funcionário por desídia

Merece considerações mais detalhadas a dispensa por desídia, ou seja, por pequenas faltas que, em certos casos, vão se acumulando, até que a empresa tem de tomar uma atitude mais drástica, a rescisão por justa causa. Existem entre os funcionários os que, sem motivação ou insatisfeitos com as condições de trabalho ou a remuneração, cometem pequenas faltas disciplinares, às vezes até para serem dispensados e receberem verbas da rescisão sem justa causa. São exemplo as caras feias seguidas de gestos desrespeitosos, quando se pede que façam uma tarefa, a demora proposital em concluir algum trabalho ou em atender o cliente, as faltas ao serviço, sem nenhuma explicação, pequenas infrações, enfim.

Insistimos que uma falta leve, isolada, jamais poderá justificar rescisão por justa causa. No entanto, se repetidas, contaminam negativamente o ambiente, geram ineficiência, causam transtornos, insegurança e desconforto, podem estimular outros funcionários a fazer o mesmo, contribuem para destruir uma boa cultura e formar outra negativa e, portanto, justificam essa drástica medida.

Há funcionários que, querendo deixar a empresa, "encostam o corpo", fazem verdadeira guerrilha, provocações. O futebol nos dá exemplos parecidos, quando um jogador quer ir para outro time e aquele em que ele joga não o libera. Ele simula contusões, não corre em campo, solta boatos e critica dirigentes pelos jornais, atrasa nos treinos e segue provocando até ser transferido.

A primeira atitude do gestor deve ser a de chamar o funcionário desidioso para uma conversa, tentar entender os motivos de sua conduta. Se ele as revela, pode tentar aconselhá-lo e estimulá-lo a se corrigir. Se estiver ao alcance da empresa, pode ser oportuno ajudá-lo, procurar uma solução adequada ao caso concreto. Se o comportamento persistir, deve-se dispensá-lo, antes que contamine a equipe, prejudique a empresa, afaste clientes.

Como já exposto, no sistema de mercado, com concorrência acirrada, a empresa não pode ser ineficiente, suas peças têm de trabalhar para o conjunto, funcionar como um computador, uma máquina. Se não for assim, ela quebra e todos perdem. Até mesmo esse trabalhador perderá nessa hora, pois pode não receber o que tem direito. Ele é como um jogador que está muito mal no time que anda perdendo e não quer cair para a segunda divisão ou então em um time que quer ser campeão. Tem de ser afastado, trocado. Alguém poderá dizer que isso tudo é cruel, mas é a realidade da economia de mercado, do sistema econômico que usamos como meio para produzir mais e melhor, um regime com muitos defeitos e injustiças, mas melhor que os outros até agora experimentados e que pode ser melhorado. A evolução da civilização nos permite antever outros melhores no futuro, mas, até lá, trabalha-se com o que se tem à mão. Leve-se em conta que não será possível ter regimes econômicos perfeitos com o homem disponível atualmente. Tinham razão Adam Smith e os economistas clássicos ao dizerem que o egoísmo acelerava o crescimento econômico. Foram o egoísmo, o individualismo, a concorrência, que permitiram o fantástico desenvolvimento do sistema capitalista, a explosão da produção de bens e serviços.

Temos, sim, que discutir como mudar essa corrida atrás da eficiência, da produtividade, do consumo sem limites, mas por outros motivos: os recursos do planeta são finitos e já se percebeu que consumir compulsivamente não traz felicidade. Até que se descubra como mudar, ou um outro regime de produção mais perfeito, o jogo tem de ser jogado. Por enquanto, temos de aperfeiçoar o sistema atual, sem deixar de lado a bendita concorrência, que faz as empresas produzirem mais, melhor, com maior variedade e inovação, por preço menor. E isso exige organização da produção, poupança e investimentos, respeito ao mercado, empresários competentes e funcionários eficientes. Para resolver o problema ambiental, temos de ter planos de mudanças graduais. O planeta pede socorro. As gerações futuras merecem encontrá-lo em iguais ou melhores condições que o encontramos.

Com o funcionário propositalmente desidioso pode ser útil uma conversa sincera, na qual fique claro que a empresa tem conhecimento de seu descontentamento e de seus atos, que entende que ele quer ser demitido (para receber as verbas citadas, para ir para outro emprego, que já lhe foi oferecido, porque deseja viajar para sua terra de origem. Os motivos podem ser vários). Pode então adverti-lo de que irá tomar providências para evitar a continuidade de tal conduta. Há gestores que até julgam justo deixar claro que irão esperar oportunidade para dispensá-lo por justa causa, se ele não colaborar com a equipe, ainda que isto possa ser alegado futuramente como "ameaça" e premeditação na JT. O gestor que pretende corrigir ou demitir o desidioso deve puni-lo, com penalidades graduais: advertências, suspensões e dispensa sem justa causa.

No futebol, um dirigente ou técnico conversa com o jogador, mostra que, seja por ele jogar mal propositalmente, seja por se mostrar indisciplinado, está se desvalorizando. Melhor é continuar a se esforçar por algum tempo, para que o time o transfira em boas condições para ambos. O Santos conseguiu esse resultado, parcialmente, com o meia Ganso. Jogadores talentosos, como Edmundo, Romário, Serginho Chulapa, Djalminha, Adriano (o "imperador"), ganhariam muito mais se fossem confiáveis e provocassem menos problemas a seus clubes, como aconteceu com Ronaldo "Fenômeno", Kaká, Rivaldo e tantos outros. Edmundo, no auge de sua carreira, um craque notável da década de noventa do século passado, jogava no Palmeiras e chegou a conflitar com os demais jogadores. Estes ficaram ao lado da diretoria, quando esta o punia por atos indisciplinados; muitos jogadores queriam seu afastamento. Isto aconteceu devido à forte cultura e motivação do grupo; todos queriam continuar a ser campeões dos torneios de que participavam. Felizmente, Edmundo mudou e hoje é um homem maduro e responsável, comentarista de TV, tanto como Romário, que é deputado federal. Isto mostra o como a juventude influencia na conduta das pessoas.

Um elemento desagregador em meio a uma equipe põe os interesses de todos em risco. Com seu afastamento, ganham os trabalhadores (jogadores), o gestor (técnico), os proprietários (dirigentes) e os clientes/consumidores (a torcida e quem gosta de futebol jogado com seriedade). Tal conduta é repetida por funcionários em determinadas empresas, onde há uma forte cultura vencedora. Todos querem ver o desagregador excluído, antes que ele tumultue o ambiente, enfraqueça a força e a vontade da equipe, prejudique a formação e conduta dos mais jovens e influenciáveis.

Para justificar a rescisão do contrato por justa causa, pelo acúmulo de faltas leves, o gestor deve ir fazendo advertências e juntando provas que demonstrem que as faltas leves realmente aconteceram e que, somadas, formaram um quadro que não deixou alternativa à empresa.

Às advertências verbais seguem-se as escritas, depois as suspensões e, então, quando houver a gota d'água, a dispensa por justa causa.

É imprescindível que se façam provas: testemunhas que presenciem a advertência oral, recibos de que o funcionário recebeu a advertência escrita (se ele se recusar a assinar, duas pessoas devem fazê-lo como testemunhas), gravações, filmagens, justificativas de cada punição, com descrição detalhada, com datas e até horários e locais onde foram dadas.

Se houver uma reclamação, a empresa poderá apresentar contestação com relação detalhada de fatos, com conversas, advertências, suspensão e finalmente dispensa. Pelo menos nesses casos, dificilmente a decisão será a favor do reclamante. Aliás, é comum que ele mesmo se sinta constrangido e aceite qualquer acordo proposto.

Muitas empresas concordam em atender ótimos e antigos funcionários que pedem demissão e dispensá-los como se fosse sem justa causa, para que levantem o FGTS e recebam as demais verbas decorrentes. É um prêmio admitido em função de sua dedicação por muitos anos. No entanto, não deixa de ser um ato ilícito, pois o FGTS se destina a um fundo de interesse público e também é preciso avaliar como isso vai repercutir junto aos demais funcionários. Os mais velhos, pelo menos, podem se achar no direito de terem o mesmo tratamento. O fato poderá reforçar ou prejudicar a cultura interna.

Abandono de emprego

Existem ocasiões em que o trabalhador não aparece na empresa por vários dias seguidos, sem justificar a ausência. A empresa deve tomar precauções antes de considerar rescindido o contrato de trabalho. Na vida que levamos hoje, muita coisa pode acontecer. O trabalhador, por exemplo, pode ter feito uma viagem repentina e desesperada para ver a mãe agonizante, em outro estado, pode ter sido atropelado e estar hospitalizado.

O abandono do emprego deve ser caracterizado pelo elemento objetivo, trinta faltas ininterruptas ao trabalho, e subjetivo, vontade de deixá-lo, o que não acontece nesses exemplos.

O elemento subjetivo consiste na intenção de deixar o emprego e, para demonstrá-lo, a empresa pode enviar carta registrada à residência do funcionário, intimando-o a voltar a trabalhar. Se ele continuar faltando, caracteriza-se o abandono. Essa intimação pode ser também por notificação através de cartório. Algumas empresas publicam-nas em jornais, mas já há decisões dizendo que o trabalhador não é obrigado a ler jornais. Essas publicações têm melhor serventia quando o empregado lida com valores, cobra dívidas há muitos anos pela empresa, por exemplo, ou tem responsabilidade equivalente. Pode ser interessante informar o mercado, a "praça", como se dizia antigamente, para que os fornecedores e clientes saibam do fato, mas em certas situações essa conduta também pode gerar danos morais.

8 O PAPEL DO ADVOGADO; CONTRATAÇÃO E HONORÁRIOS; DIREITOS E OBRIGAÇÕES

As formas de seleção e contratação de advogados; relacionamento dos advogados com o empresário; preparativos da audiência.

É recomendável, quando a empresa tem condições, contratar advogados experientes, que possam auxiliar não só na solução de problemas jurídicos imediatos, mas também na definição de políticas e rumos estratégicos. Como hoje em dia as mudanças da legislação, agravadas pelo intervencionismo da JT e dos demais poderes do Estado, são constantes, o advogado pode ajudar a enfrentar problemas abrangentes em quase todas as áreas de atividade, montar cenários futuros, apontar rumos, evitar riscos, dar segurança jurídica a projetos e investimentos. Mesmo não sendo um estrategista da empresa, o advogado é útil nas ações a serem propostas em sua defesa, nas mais diversas áreas.

É relevante acrescentar que as ações propostas por advogados não precisam ter resultados práticos ou ser sempre procedentes. Uma ação, mesmo que se saiba que dificilmente poderá ser julgada procedente, pode ajudar a provocar o debate público sobre um tema que está regulado por lei ou é entendido pelos tribunais de forma equivocada ou injusta. Quando são muitas as ações, o que é possível quando as entidades estimulam as empresas a propô-las, elas permitem transmitir informações e argumentos aos juízes, atingi-los pela sensibilidade, racionalidade, senso de justiça, tanto como as demais autoridades envolvidas, chamadas para responder às ações ou para discutir o tema.

Esse debate pode ser levado à mídia, principalmente se houver assessoria de imprensa disponível. A mídia pode se recusar a noticiar uma opinião de um setor do empresariado sobre determinado fato, por não considerá-la relevante como notícia. No entanto, o ajuizamento de uma ação para remover o possível problema não deixa de ser um "gancho", uma novidade, uma informação que pode ser notícia e merecer espaço. Nesse caso, não só o inconformismo do empresariado irá parar nas mídias, mas também os argumentos. As autoridades, por sua vez, também terão de se pronunciar. Abrem-se oportunidades de ampliar a discussão, de interessar parlamentares, provocar ou apressar a aprovação ou tirar do limbo projetos de lei, sensibilizar autoridades e levá-las a providenciar a remoção do obstáculo. A ação judicial serve, pois, para provocar o debate político, junto à mídia, às autoridades, à sociedade em geral, formando opiniões. Isto também mostra que a diretoria da entidade está atenta, preocupada em defender a categoria, em mobilizar seus associados.

A escolha do advogado

É sempre importante para a empresa ter acesso a um advogado especializado, experiente, competente, responsável, combativo, nas diversas áreas em que se envolve na sua atividade produtiva. Deve-se avaliar ainda o interesse demonstrado pelo profissional em atender a empresa, a acessibilidade e o senso de organização.

Um advogado não faz milagres, mas ajuda muito, principalmente se, como dito em outra parte deste texto, a empresa contribui para o exercício de suas funções, obedecendo à legislação nas relações de trabalho, arquivando corretamente documentos, fornecendo preposto e testemunhas preparados, permitindo a ele exercer a advocacia preventiva, no mínimo através de consultas antecipadas, antes de decisões de duvidosa legalidade.

Como nem todas as empresas podem ter advogados com experiência e excelentes qualidades, sempre mais caros, as menores podem suprir a necessidade com advogados jovens, mas com vontade de enfrentar e vencer desafios. Para ser atencioso, responsável, mesmo competente, um advogado não precisa ser necessariamente experiente, ter muitos anos de prática. Muitos suprem a falta de experiência ou de conhecimento com a energia e o interesse, estudando e consultando os mais velhos e livros.

Muitas vezes, o velho e experiente advogado já não tem a mesma energia e o interesse em manter o cliente que o jovem. E se a causa é de pequeno valor ou nada complexa, para que contratar o velho e experiente advogado, certamente mais caro ou que até poderá não aceitar a causa, por ser irrelevante para sua situação no mercado? Muitos destes têm assistentes e a eles entregarão o papel de defender a empresa. Devem, no entanto, responsabilizar-se pela qualidade das petições e pelos resultados.

Para escolher bons advogados a empresa deve agir como na procura de qualquer outro profissional: lendo artigos jurídicos em jornais ou nas revistas das associações e sindicatos, consultando amigos, outros empresários, diretores de RH, diretores da entidade de classe ou seu próprio departamento jurídico, quando se trata de especialização inexistente no mesmo; deve, enfim, se informar nos muitos meios de comunicação ou com pessoas de seu relacionamento. Constituir advogados em outras cidades ou estados é tarefa que seu advogado pode desempenhar. Quem não o tem, pode apelar para as entidades de classe, internet, associações de advogados ou escritórios e advogados que têm correspondentes. Se for necessário autorizá-los a trabalhar nas ações, propor ou acertar acordos, é bom especificar critérios e limites.

Um advogado pode atender a empresa quando ocorre um problema pontual, para atuar na advocacia preventiva e consultiva ou, então, para ajudar na definição de rumos estratégicos, tanto da empresa como de qualquer organização.

Pode ainda atuar externamente, mediando conflitos com o MTE, MPT, o sindicato laboral, exigindo ações do sindicato patronal, participando da elaboração de acordos coletivos, enfim, mediando conflitos e, com isso, dando segurança e mais tempo para o empresário cuidar das demais áreas em que sua habilidade é exigida.

É recomendável, quando a empresa tem condições, contratar advogados que possam auxiliar na definição de políticas e rumos estratégicos. O advogado pode ajudar a enfrentar problemas globais ou específicos de determinadas áreas de atividade, montar cenários futuros, apontar rumos, evitar riscos, dar segurança jurídica a projetos e investimentos.

Como contratar um bom advogado

(segundo o *Jornal do Senado*)

Os especialistas aconselham que se consulte um advogado antes de casar, comprar imóvel, montar ou fechar uma empresa e de outras ações importantes. Eles alertam que as pessoas correm riscos desnecessários e acabam buscando o advogado quando já estão com problemas que em sua maioria poderiam ter sido evitados.

Conflito à vista, antes de partir para uma ação judicial, pode-se buscar o advogado para ajudar as partes a encontrar uma solução. Trata-se da arbitragem, largamente usada em outros países e que consiste numa espécie de julgamento privado, evitando desgaste e custos. Nesta edição o *Especial Ci-*

Como evitar reclamações trabalhistas – e levar a bom termo as existentes

dadania traz dicas para escolher e se relacionar com o advogado, evitando transformar o que seria a solução do problema em uma nova dor de cabeça.

Como a lei exige o registro na Ordem dos Advogados do Brasil (OAB) para que o advogado possa atuar, o primeiro passo é pesquisar o profissional no Cadastro Nacional de Advogados da OAB (www.oab.org.br/cadastroAdvasp) ou na seccional da capital do seu estado. Basta ter o nome ou o número de inscrição na OAB.

Em geral esse número está à vista na placa e nos formulários do escritório. É bom verificar se ele cumpriu ou está cumprindo alguma suspensão, ou se já foi condenado em algum processo disciplinar. Consultada a OAB, dê prioridade a alguém que apresente:
- experiências anteriores positivas;
- firmeza e conhecimento da matéria;
- comprometimento com a sua causa;
- proposta financeira justa e de acordo com sua possibilidade;
- escritório com localização, estrutura e apresentação adequadas;
- uso da internet e outras facilidades para informá-lo sobre o andamento do processo; e
- empatia, discrição e educação.

Direito tem vários ramos e, especialmente nas cidades médias e grandes, os advogados são bastante especializados. Por isso, é essencial verificar se o profissional tem experiência sólida no seu tipo de problema. Além disso, existem foros (órgãos) do Judiciário específicos para cada tipo de causa e, em cada foro, sucessivas instâncias. É importante saber se o advogado atua junto ao órgão que receberá sua ação ou se precisará de ajuda, no caso de o processo passar à instância seguinte. As instâncias máximas são os tribunais superiores.

As principais regras para um relacionamento proveitoso

O advogado deve informar o cliente, de forma clara e sem deixar dúvidas, sobre os riscos e possíveis consequências da demanda. O advogado deve cumprir todos os prazos dos processos sob sua responsabilidade e não pode abandonar o processo sem motivo justo e comprovada informação ao cliente. O cliente não pode obrigar o advogado a trabalhar com outro advogado, indicado ou não por ele, cliente. O advogado só pode substabelecer a procuração sem reservas de poderes (passar todos os poderes que lhe foram concedidos pelo cliente a outro advogado) se for expressamente autorizado pelo cliente. O advogado deve guardar sigilo, mesmo em depoimento judicial, sobre o que o cliente lhe contou e recusar-se a depor como testemunha em processo no qual atua ou deva atuar, ou sobre fato relacionado com pessoa de quem seja ou tenha sido advogado. Os segredos contados ao advogado pelo cliente só podem ser utilizados nos limites da necessidade da defesa, desde que autorizado pelo cliente. As cartas entre advogado e cliente também são confidenciais. O advogado pode renunciar à procuração, deixando de defender o cliente, mas continua responsável pelo processo durante o prazo estabelecido em lei para que outro advogado assuma, assim como por quaisquer danos causados, intencionalmente ou não, ao cliente ou a terceiros. Se revogar a procuração por sua própria vontade, o cliente deve pagar os honorários contratados. Além disso, se a causa tiver sucesso com um novo advogado e a parte contrária for condenada a pagar os honorários (chamados honorários de sucumbência), o advogado que iniciou a ação tem o direito de receber a sua parte, proporcionalmente ao serviço efetivamente prestado. A conclusão ou a desistência da causa, com ou sem a extinção da procuração, obriga o advogado a devolver os bens, valores e documentos recebidos, e a prestar contas detalhadamente, não excluindo outras pres-

Como evitar reclamações trabalhistas – e levar a bom termo as existentes

tações de conta solicitadas pelo cliente a qualquer momento. Concluída a causa ou arquivado o processo, está cumprido e acabado o mandato.

Deveres do profissional

São deveres do advogado:
- estimular o entendimento entre as partes para evitar a ação judicial;
- aconselhar o cliente a não entrar em aventura judicial; e
- declarar-se impedido de atuar se já tiver sido convidado pela outra parte e informado de seus segredos ou dado seu parecer.

O advogado não pode:
- usar de influência indevida, em seu benefício ou do cliente;
- mentir ou usar de má-fé ao expor os fatos à Justiça;
- funcionar no mesmo processo como advogado e como representante ou preposto do cliente;
- representar clientes com interesses opostos;
- aceitar procuração de quem já tenha outro advogado sem que este saiba, exceto se por motivo justo ou para propor medidas judiciais urgentes e inadiáveis; e
- fazer propaganda mercantilista dos seus serviços.

Como saber se tenho um bom advogado?

O bom advogado é aquele que:
- Informa você corretamente sobre o andamento do processo e cumpre todos os prazos.
- Responde a todas as suas perguntas, explicando os termos jurídicos.
- Dá a você explicações claras e objetivas.
- Sugere ações, mas deixa que você decida.
- Não diz que você "já ganhou".
- Não promete que resolverá a questão em um determinado tempo.

> - Explica claramente os riscos de um processo judicial: o que poderá ocorrer; quanto custará se você vier a perder a causa; o que as outras partes podem fazer pelo simples fato de você ter iniciado o processo.

O contrato e os honorários

A contratação do advogado deve ser precedida de uma conversa do empresário com o profissional, na qual um apresenta a empresa e o outro, seu escritório; um fala do problema e outro das possíveis soluções, demonstrando conhecimento e transmitindo segurança. Pode ser em um almoço, mas, se for uma reunião, melhor que já seja na sede da empresa ou no escritório do advogado, para maior aproximação e conhecimento. Se a causa é única, a contratação é eventual, só para ela. Se é para atendimento permanente, o contrato é outro. Na causa única cabe ao empresário apresentar o caso e ao profissional dizer se domina ou não a matéria e se aceita ou não o caso. Se não domina e ou não aceita o caso, pode indicar outro advogado. Se domina e aceita, é justo que teça comentários breves sobre o mesmo.

Não se recomenda ir adiante, iniciar o trabalho, sem antes ambos contratarem formalmente a prestação de serviços e os honorários. E isso deve ser feito por escrito, pois muitos problemas acontecem em decorrência de os contratantes confiarem demais um no outro ou ambos confiarem na memória. A causa poderá demorar anos e então, no final, ocorrerem divergências de interpretação quanto ao que foi combinado. A parceria acaba, o que é ruim para ambos. Não é raro que, acabado o conflito que levou à contratação do advogado, outro se inicie.

O contrato deve detalhar direitos e obrigações de ambas as partes. Os advogados ou escritórios que trabalham para empresas (é muito comum advogados que trabalham tanto para empresas como para reclamantes) junto à JT podem ser contratados ou receber honorários por reclamação, por atos, diligên-

Como evitar reclamações trabalhistas – e levar a bom termo as existentes

cias ou eventos (exemplo: para fazer uma audiência, um parecer, defesa oral, um recurso) ou por partido, quando o pagamento se faz mensalmente (ou qualquer outro período, mas regularmente), para que ele acompanhe uma ou um determinado número de reclamações. Nesse caso, sempre é bom prever alterações no valor dos honorários se o número de reclamações crescer ou diminuir, reajustes, no mínimo anuais, por algum índice de inflação, honorários e despesas para reclamações fora da comarca e outras ocorrências. O advogado tem obrigação de conhecer bem sua profissão e esclarecer os gastos previsíveis com a proposição ou defesa em uma causa.

Por sua vez, além desse trabalho, na área denominada contenciosa, o advogado pode ajudar como consultor, tanto esclarecendo questões eventuais na área trabalhista, como agindo preventivamente, examinando documentos, transmitindo conhecimentos ao gestor e gerentes, de forma a que evitem passivo trabalhista, irregularidades, discutindo prováveis alterações e rumos na legislação.

Os advogados que cobram por atos, exigem em geral de 1/3 a um salário mínimo por uma audiência na comarca onde têm escritório, pelo menos uns três ou quatro salários mínimos para contestar e acompanhar até o final uma ação de até uns R$ 30 mil. O pedido de honorários cresce na proporção da complexidade da ação ou dos valores mais elevados em disputa, pois serão maiores o trabalho e a responsabilidade.

A contratação pela empresa para uma única intervenção não vale a pena, pois o processo é uma sucessão de atos e a todos o advogado deve acompanhar e, se preciso, intervir. Admite-se exceção se o advogado titular está ocupado com outra causa e na mesma hora for necessária outra intervenção. O não atendimento, no prazo, de qualquer despacho do juiz pela empresa resulta em preclusão, ou seja, ela perde a oportunidade e não terá outra. Se o juiz pede, por exemplo, para juntar um documento original e ele não for juntado, certamente irá condenar a parte a seu ver relapsa. Os advogados são obrigados a acompanhar os despachos que saem no Diário Oficial ou então a contratar serviços que in-

Como evitar reclamações trabalhistas – e levar a bom termo as existentes

formem seu escritório dessas publicações.

Faz exceção a algumas destas orientações a contratação de profissionais renomados, para reclamações de grande valor ou muita complexidade. Nesses casos, pode-se contratar aquele advogado que foi professor do juiz, que escreveu livros que ele lê, que adquiriu fama ao longo dos anos, que tem destaque nas mídias, mostrando combatividade e competência. São respeitadíssimos e caros, e quase todo juiz lê com atenção suas peças, até para aprender um pouco mais. Esses advogados também podem ser chamados para dar um parecer ou fazer uma defesa oral nos tribunais superiores, tentando influenciar no resultado. Nesses casos, os valores costumam ser de no mínimo R$ 5 mil e podem ultrapassar os R$ 100 mil, dependendo do valor em jogo, da complexidade, do tribunal onde será feita a defesa.

Os que ganham por mês cobram pelo menos um salário mínimo para acompanhar três ou quatro reclamações simples, de pequeno valor. Cobram mais quando os valores discutidos são maiores, quando o trabalho é mais intenso ou de maior responsabilidade. O gestor deve considerar que as reclamações podem levar vários anos para chegar ao final, o que é mais um motivo para se esforçar por fazer acordos e terminá-las o mais breve possível. Evidente que, mesmo nesses casos de assistência jurídica permanente, também se leva em conta, para fazer orçamentos, o renome, a experiência e a competência do advogado. Por sua vez, o advogado contratado por mês pode também ser consultado, até preventivamente, em outras situações e a empresa pode receber relatórios e informações que previnam erros e, portanto, passivos na área.

Os mesmos valores, um pouco menos ou mais, dependendo da responsabilidade, duração, distância, complexidade, são cobrados por idas a sindicatos, ao MPT, delegacias do MT, comissões de conciliação ou audiências de arbitragem.

Há casos em que o advogado contratado pela empresa cobra por benefício, uma porcentagem do valor da reclamação: 5% a 20%. Ou então cobra a partir da redução obtida no total pretendido pelo reclamante: 10 % a 30% é razoável; 10% nas causas de maior valor, 30% nas de menor valor, com um patamar mínimo em certos casos.

Quanto aos reclamantes, seus advogados geralmente cobram 30% do valor que conseguem obter na reclamação. Nas reclamações de valor elevado, é comum combinar-se 20% ou até menos.

É preciso levar em conta que todos os valores aqui mencionados são indicativos e não obrigatórios.

Honorários na JT, segundo a Tabela de Honorários da OAB

A OAB possui uma Tabela de Honorários, com capítulos gerais e alguns específicos por áreas em que o advogado pode atuar. Como toda tabela desse tipo, ela só pode ser considerada indicativa, uma referência, jamais ser obrigatória, ainda que conste que são valores mínimos a ser cobrados. Eles só são obrigatórios se constarem de contrato entre as partes. Temos as seguintes normas gerais, importantes para a matéria que estamos estudando:

1 – O advogado deve contratar, por escrito, a prestação dos serviços profissionais, fixando o valor dos honorários, reajuste e condições de pagamento, inclusive no caso de acordo, e observando os valores mínimos constantes da Tabela.

2 – A forma e as condições de pagamentos das custas e encargos, judiciais e extrajudiciais, deverão integrar o contrato.

3 – Todas as despesas, judiciais ou extrajudiciais, bem como de locomoção, alimentação, hospedagem, viagem, transporte, certidões, cópias e condução de auxiliares, serão suportadas pelo cliente, ao qual deverá o advogado fazer prestação de contas.

4 – Salvo estipulação diversa, um terço dos honorários é de-

vido no início do trabalho, outro terço até a decisão de primeiro grau e o restante no final, valores estes que serão atualizados monetariamente.

5 – Os honorários da sucumbência pertencem ao advogado e não excluem os contratados.

6 – O advogado substabelecido deve ajustar a sua remuneração com o titular da procuração.

7 – O desempenho da advocacia é de meios e não de resultados. Os honorários serão devidos no caso de êxito ou não da demanda ou do desfecho do assunto tratado.

Quanto à advocacia em geral, convém ressaltar estas regras:

Ações de jurisdição contenciosa ou que assumam este caráter

Salvo outra disposição na presente, 20% sobre o valor da condenação, na época do pagamento, ou sobre o proveito econômico ou patrimonial advindo ao cliente. Mínimo, haja ou não benefício patrimonial, R$ 1.000,00;

Recursos

Mandatário expressamente constituído ou substabelecido: a) interposição de qualquer recurso – mínimo R$ 500,00; b) contratações de qualquer recurso – mínimo R$ 500,00; c) elaboração de memoriais – mínimo R$ 500,00; d) sustentação oral – mínimo R$ 400,00; e) simples acompanhamento de recurso – mínimo R$ 300,00;

Exame de processos em geral

Mínimo R$ 100,00;

Prestação de serviços em audiência

Mínimo R$ 200,00;

Advocacia de partido

Sem vínculo empregatício, valor mensal mínimo R$ 500,00;

Mais adiante encontraremos indicações para a advocacia trabalhista;

> **Honorários de reclamações trabalhistas**
> Patrocínio do reclamante ou reclamado, de 20% a 30% sobre o valor do litígio. Mínimo R$ 1.000,00;
> **Pedido de homologação judicial de dispensa de empregado**
> Mínimo R$ 500,00;
> **Inquérito para dispensa de empregado**
> Mínimo R$ 500,00;
> **Dissídios coletivos**
> Mínimo R$ 1.000,00, como advogado do suscitante ou do suscitado;
> **Consulta**
> Verbal, em horário normal, mínimo R$ 100,00;

Os preparativos da audiência

Nas reclamações simples e de pequeno valor, uma vez elaborada a contestação, advogado, preposto e testemunhas podem ir juntos para o Fórum ou marcar um horário antes da audiência para se encontrar, na porta do mesmo ou no cartório da vara onde foi proposta a reclamação.

No caso de valores elevados ou reclamações mais complicadas, o advogado cuidadoso reúne-se antecipadamente com o gestor, com o preposto que representará a empresa e com as testemunhas. Ele deve pedir os documentos necessários para tomar conhecimento do conteúdo, conferir se estão formalmente corretos e escolher os que deve juntar à contestação. Esta pode ser preparada antecipadamente e fornecida para leitura na empresa, de forma que todos os seus detalhes possam ser examinados, aprovados e haja coerência no que irão dizer todos em juízo.

O advogado, pessoalmente, ou por meio de sua secretária ou estagiário, deve lembrar e advertir o gestor um dia antes, lembrando-o da audiência e reiterando que preposto e testemunhas cheguem bem antes no Fórum. É uma preocupação que também o gestor deve ter: avisar o advogado, se este não ligou antes, e perguntar se está tudo em ordem, confirmar horário e local do encontro.

Essa preocupação é tanto mais relevante quando houver muita distância temporal entre o recebimento da notificação e a data em que foi marcada a audiência. Podem todos combinar de irem juntos, mais uma oportunidade de relembrarem os fatos. Se o preposto chegar sem advogado ou vice-versa, pode o juiz decretar revelia ou confissão. Se ambos não comparecerem ou chegarem atrasados, decretará ambas.

A condenação da empresa em honorários ou má-fé

Como exposto anteriormente, a empresa, ainda que raramente no momento presente, pode ser condenada em honorários, chamados nesse caso de sucumbência, a serem pagos ao advogado do reclamante. A lei exige que o trabalhador esteja respaldado por advogado de seu sindicato e ganhe menos que dois salários mínimos, mas existem juízes e tribunais que desconsideram essas normas. É praticamente certo que, no futuro, haverá sucumbência na JT tanto como hoje existe na área cível, pois há diversos projetos de lei nesse sentido. A OAB tem pressionado e mesmo os empresários querem sua implementação, por julgarem que assim os reclamantes de verbas já pagas serão penalizados. Ainda quando estagiário do "Jurídico do XI de Agosto", em 1975, escrevi em *O Estado de São Paulo* um pequeno artigo reclamando da falta de condenação em honorários na JT, mas ela pode se tornar em mais uma penalidade difícil de suportar para o pequeno empresário.

Além de honorários, o juiz sempre condena a parte que perder a pagar custas. Geralmente isenta o reclamante. Por sua vez, pode condenar ainda a parte que age de má-fé, em até 20%

do valor da causa ou da condenação ou por ato atentatório à dignidade da justiça, quando a empresa oculta bens que podem ser penhorados.

Recebido o valor da condenação, a obrigação do advogado é comunicar o reclamante e, após retirar sua parte, repassar-lhe o restante, junto com a prestação de contas e recibos pertinentes. Como há reclamações que duram mais dez anos, nem sempre é fácil encontrá-lo. Nesse caso, a obrigação do advogado seria depositar em juízo o valor devido. Na prática, como isso é trabalhoso (e seria o caso de cobrar custas e honorários do reclamante?), o advogado acaba mantendo o valor em banco.

Remota, possível ou provável?

As empresas de maior porte são obrigadas a fazer balanços anuais, que devem ter certa precisão, especialmente se têm ações na bolsa. Os advogados são essenciais na avaliação dos riscos financeiros na área jurídica. Exigem-se nas reclamações trabalhistas cálculos cada vez mais precisos das possíveis perdas.

Antes de aceitarem o patrocínio de uma causa, os advogados devem aferir quais as possibilidades de a empresa ser bem sucedida e todas as demais repercussões possíveis. E devem pensar bem mais ainda quando a empresa é uma sociedade anônima. Essas apreciações também terão que ser fornecidas por ocasião dos balanços anuais a serem feitos e não poderão ser incoerentes. Os auditores irão querer saber se nas causas, sob responsabilidade do advogado, a probabilidade da empresa ser vencedora é remota, possível ou provável. Na JT, a possibilidade da empresa vencer é remota, quiçá em mais de 90% dos casos. Na JT, as auditorias deveriam modular suas previsões de risco pelos valores possíveis que poderá atingir a condenação. Apesar da subjetividade, pode-se pelo menos tentar uma previsão aproximada.

A avaliação do advogado é importante, pois o sucesso ou insucesso nessas causas podem contribuir para aumentar ou reduzir os resultados do exercício, assim como podem ser usados para aproveitar aberturas na legislação tributária ou na publicação de resultados que interessam à administração da empresa. O advogado deve ter cuidado ao opinar e mais ainda se for mudar suas opiniões de um ano para o outro, pois a empresa é obrigada a prever reservas para pagar obrigações que podem resultar de ações judiciais e, se não o fizer corretamente, pode ser punida por órgãos de fiscalização, inclusive de bolsas de valores onde opera, e sua diretoria poderá ter que responder a ações judiciais de acionistas descontentes. Antes disso, elas irão querer saber por que o advogado mudou de opinião; se nada aconteceu, pode concluir que o advogado estava errado no passado ou está errado no presente.

9 A EXECUÇÃO DE SENTENÇA; PENHORA E LEILÃO DE BENS DA EMPRESA OU DOS SÓCIOS; AÇÃO RESCISÓRIA E AÇÃO ANULATÓRIA

Execução provisória e execução definitiva; cálculos; a penhora de bens, de recursos no caixa e *on line*; como os credores encontram bens para penhorar; a praça e o leilão; quando os bens dos sócios da empresa, inclusive recursos na conta bancária, podem ser penhorados; a penhora de bem de família, do salário ou da aposentadoria.

A execução provisória

Quando a empresa é condenada em reclamação trabalhista, inicia-se a execução. O reclamante pede, e o juiz atende, para ela ser intimada a pagar em 48 horas, sob pena de penhora de bens.

O reclamante não precisa esperar decisão definitiva para executar. Se a empresa for condenada em primeira instância, ele pode iniciar a execução provisória imediatamente, penhorar bem e pedir sua avaliação. Só não pode enviá-lo a hasta pública (praça ou leilão, judicial ou extrajudicial) se houver recurso da empresa para ser decidido no tribunal. Se a empresa perde o recurso, depois de transitada em julgado a decisão e devolvidos os autos à primeira instância, onde correu o processo, ele pede a juntada da execução provisória nos autos principais, para dar continuidade à execução, agora definitiva, e pedir a hasta pública do bem penhorado.

Já expusemos a possibilidade de, na execução provisória, o juiz deferir ao reclamante o levantamento do depósito ou valor penhorado, se este demonstrar que necessita do valor para alimentar-se ou à família.

Se a empresa não oferece bem à penhora, cabe ao reclamante indicá-lo. Ele então pode optar pela penhora de valores das contas bancárias, *on-line*, ou seja, via internet. Um acordo entre a JT e o Banco Central (Bacen-Jud) permite ao juiz vasculhar as contas da empresa. Inexistindo valores em bancos, pode optar por penhora do dinheiro que entra em seu caixa diariamente. Nesse caso, o oficial de justiça penhora a porcentagem do valor determinado pelo magistrado, costumeiramente 30% do que é recebido. O oficial de justiça não fica ao lado do caixa se o acúmulo da soma demandar muitos dias. Ele irá no final do expediente receber o relatório de entradas e então penhorará a parte determinada pelo juiz, fazendo o gestor assinar como depositário. É sempre complicado, pois como confiar que o relatório é verdadeiro? O constrangimento, porém, estimulará a empresa a pagar ou tentar um acordo.

Se não encontra dinheiro ou bens da empresa, o reclamante (sempre através de seu advogado) pode pedir ao juiz a desconsideração da pessoa jurídica e continuar a execução contra os sócios e, em alguns casos, até contra executivos ou ex-sócios, ou ainda contra outras empresas consideradas do mesmo grupo econômico e seus sócios. Tentará penhorar dinheiro em suas contas bancárias ou, se não encontrar, tentará penhorar seus bens: carros, imóveis, até mesmo móveis ou equipamentos de luxo que guarnecem a residência (ar condicionado, uma segunda TV, obras de arte).

Quando a penhora incide sobre esses bens, eles são avaliados e levados a hasta pública. Em geral, na primeira tentativa, há um preço mínimo, o da avaliação. Na segunda, o bem é entregue a quem oferecer o melhor lance. Se o reclamante se interessar pelo bem, ele pode pedir sua adjudicação, ou seja, que o bem lhe seja entregue. Nesse caso, se a avaliação for de valor maior que a condenação, ele é obrigado a depositar o saldo. Se for menor, ele pode continuar a execução pelo que ainda lhe resta de crédito.

Hoje em dia, na pressa de terminar com a reclamação, há juízes que desconsideram etapas e formalidades. Quase todos tentam penhorar dinheiro, da empresa ou dos sócios, ao mesmo tempo, sabendo que é muito mais eficiente.

A empresa, para evitar a indicação de bens pelo reclamante, ou até por iniciativa própria do juiz, em especial apreensão de recursos em contas bancárias ou no caixa, pode tomar a iniciativa de apontar um bem ou depositar o valor da condenação, pedindo que sobre ele incida a penhora, mas que não seja liberado até julgamento do recurso. Tem ela também que fazer o depósito recursal para apelar e tudo isso fragiliza o caixa, as reservas, o capital de giro, especialmente quando são empresas pequenas ou são várias as reclamações. Por isso, muitas preferem dar bens à penhora e não dinheiro.

No caso das empresas prestadoras de serviços, as tomadoras – empresas privadas ou órgãos públicos – retêm pagamentos baseadas em contratos feitos, conforme vão tomando conhecimento da existência de reclamações, nas quais também são postas no polo passivo. E justificam argumentando que, como são responsáveis subsidiárias, correm risco de ter que pagar o valor da condenação, se a prestadora não pagar. Muitas prestadoras fecham as portas, devido exatamente a essas retenções, sempre vultosas, tendo em vista os valores delirantes que costumeiramente são reclamados. Sabendo disto, existem sindicatos que estimulam reclamações elevadas para curvar a empresa e fazê-la pagar ao reclamante, sem mais delongas.

Se condenada em definitivo, os depósitos feitos pela empresa, para apelação ou para penhora, podem ser liberados como pagamento ao reclamante. Se maiores que a condenação, ela terá direito à devolução do saldo. Se eles não cobrirem o valor da condenação, terá de depositar o restante. É bom lembrar do depósito, pois empresas que não são bem organizadas sequer se lembram deles quando as reclamações terminam, algumas após longos anos de tramitação.

A execução da condenação também pode levar algum tempo, principalmente se a decisão do juiz não for líquida, isto é, de valor certo, determinado. Na maioria das vezes, ela é ilíquida ou parte ilíquida e parte líquida e então tem início o processo de liquidação. Busca-se encontrar o valor líquido. O reclamante deve apresentar uma conta detalhada, com a soma a que julga ter direito, inclusive juros, correção, multas, mas a empresa pode impugnar se não concordar, apresentando outra. Não poucas vezes, o juiz, em vez de optar por uma delas, acaba nomeando um perito e este deverá dizer qual está certa ou então fazer uma terceira, tentado dar mais segurança ao magistrado. Nesse caso, as partes podem nomear assistentes, que irão acompanhar e criticar o trabalho do perito ou fazer contas conforme o interesse de quem os contratou. O juiz não é obrigado a se ater à conta do perito. Pode escolher a de um assistente, pode até não aceitar nenhuma delas e mandar fazer nova perícia.

As perícias são sempre temidas pelas empresas. Se o reclamante tem ação, o juiz condena a empresa a pagar o perito. Porém, se o reclamante é vencido, o juiz o condena a pagar o profissional por valor bem inferior, pois sabe que o trabalhador não

Como evitar reclamações trabalhistas – e levar a bom termo as existentes

tem tantos recursos. Às vezes, sequer o condena, pois ele não tem como pagar. O perito só terá seu trabalho pago pelo que vale se ele for favorável ao reclamante no litígio com a empresa. É assim que acontece tanto na elaboração de contas como nas ações por acidentes de trabalho ou para determinar se há insalubridade em um ambiente de trabalho. Trata-se de uma realidade que tem de ser reconhecida, única forma de se procurar solução, que poderia ser um fundo com valores suficientes para pagar o perito, isentando o reclamante e dando segurança à empresa. Ou então, esta terá mais um motivo para ficar insegura nas reclamações trabalhistas.

Na busca de bens, o advogado do reclamante pode pedir verificação do patrimônio da empresa e, após a desconsideração da pessoa jurídica, dos sócios, em bancos, junto a departamentos de trânsito ou cartórios de registro de imóveis, para ver se possuem valores em contas, veículos ou imóveis. Pode também requisitar declarações de renda dos últimos anos. Advogados mais experientes procuram no distribuidor pelo nome dos pais do devedor, quando se trata de pessoa física (sócios, por exemplo), para ver se faleceram e então deixaram algo. Isto é possível ver nas declarações que o inventariante é obrigado a fazer. Enfim, o profissional começa uma luta permanente para encontrar bens e não cessará enquanto não os penhorar, por muitos anos.

Na JT, poucos juízes admitem a prescrição intercorrente (a que ocorre entre um ato judicial e outro, quando muitas vezes o processo fica arquivado), e então a execução poderá incomodar e bloquear a possibilidade de o devedor ter bens por décadas. Se ele tiver mais um bem, que não seja o de família e vender, a venda será considerada nula, se houver execução, ou anulável, se ainda estiver correndo a reclamação, sem decisão definitiva. Também sem efeito poderá tornar sua renúncia a heranças. O credor pode pedir que os bens a serem herdados lhe sejam transferidos, até o montante do pagamento da dívida.

A situação chegou a tal ponto que milhares de empresários, devedores da JT, procuram abrir novas empresas em nome da mulher e filhos, o que é desagradável. Se eles quebram, além dele, mulher e filhos ficarão com os nomes indisponíveis para abrir seus próprios negócios, terem um carro, uma conta em banco, um apartamento na praia. Enquanto isso, o valor da dívida sobe, pela correção e juros de 1% ao mês.

A paralisação das execuções por falta de bens das empresas condenadas em reclamações, ou mesmo de seus sócios, é um dos grandes problemas enfrentados pela JT. Os juízes têm quase tantos processos em fase de execução como em fase de conhecimento. As execuções tendem a se empilhar cada vez mais, pois, como explicado, muitas empresas fecham e seus sócios perdem nela tudo que tinham. Os reclamantes, no entanto, insistirão por anos tentando encontrar algo para penhorar.

Por sua vez, de um lado, os valores elevados de muitas condenações, agravados por juros e correção, dificultam acordos, e, de outro, após muitos anos e tentativas inúteis para penhorar bens, muitos reclamantes ficam mais flexíveis e a solução por acordo pode se tornar possível.

Penhora

A penhora é uma constrição que o juiz faz recair sobre um bem do devedor. Sendo ele um bem material, o juiz também nomeia um depositário, que fica responsável. Convém que o devedor aceite ficar como depositário, se dele precisa para continuar sua atividade ou pelo menos para evitar que vá parar em algum depositário público, onde poderá se deteriorar e ele ainda terá que pagar aluguel pelo espaço. Há casos em que o juiz manda remover o bem. Não deixa de ser uma forma de pressão para que o devedor pague logo sua dívida.

Se o empresário ou qualquer funcionário assinar, como depositário, deve ter o cuidado de guardar o bem e nunca esquecer, por mais anos que corram, que são responsáveis. Se o bem desaparecer, o depositário terá que pagar por ele. Até pouco tempo atrás, era comum empresários ou funcionários de uma empresa serem presos como depositários relapsos. Não sabiam onde tinha ido parar o bem. Muitos, passados mais de dez anos, se esqueciam da obrigação e esses bens eram vendidos ou até jogados no lixo. Anos atrás, era comum encontrar pequenos empresários circulando por galpões de compra e venda de equipamentos usados, tentando encontrar um forno ou uma geladeira semelhante à que fora penhorada e que ele vendera ou jogara no lixo, esquecendo-se de que era um "fiel depositário".

Se o bem desapareceu ou se deteriorou, por culpa da empresa, ela deve depositar o valor de avaliação em juízo. Jamais deve permitir que o funcionário que assinou como depositário sofra constrangimento, tanto pela questão ética e reconhecimento, quanto por ele ter direito a rescisão indireta e a receber pelo dano moral e material (se tiver que depositar nos autos) contra a empresa, se isso ocorrer.

Para evitar que o bem se deteriore, o gestor deve cuidar de sua manutenção. Se fica muito caro ou se isso é impossível – estamos em uma época em que carros e equipamentos são programados para durarem poucos anos (*"obsolescência programada"*, dizem os ambientalistas) –, deve se explicar o fato ao juiz, apresentando também possíveis soluções: vender o bem enquanto ele vale algo, substituí-lo, dá-lo em pagamento se o reclamante aceitar. Deve-se encontrar alguma alternativa que resguarde o interesse do reclamante, da empresa e do depositário.

A penhora não pode recair sobre bem de família, salários, pensões alimentícias ou aposentadoria. Se isso acontecer, repetimos que na JT muitos juízes não respeitam certos textos legais, cabe à vítima fazer embargos à execução ou de terceiro e apelar a tribunais superiores. Há decisões, no entanto, que consideram um terreno anexo ao do que se localiza a residência, ou a garagem em um condomínio, como penhorável, especialmente se tiverem matrículas próprias junto ao Registro de Imóveis.

A hasta pública

A empresa ou sócio, se for dele o bem penhorado, devem evitar a hasta pública, popularmente conhecida por suas etapas:

praça e leilão. Na primeira tentativa, ainda se exigem lances de valor maior que o da avaliação, um valor mínimo. Na segunda, o bem é leiloado pelo melhor preço oferecido, geralmente muito abaixo do que ele vale.

Em alguns casos, a arrematação pode ser anulada quando o preço é considerado vil. Mas esse conceito é subjetivo e, não poucas vezes, se a hasta é repetida sem encontrar compradores (arrematantes), o juiz admite sua validade, ainda que o preço pago seja 30%, ou até menos, do valor da avaliação. Tem sido cada vez mais comum o juiz determinar a hasta pública pela via eletrônica.

Para evitar esse risco muitos empresários, pessoalmente ou via advogado, tentam acordo com o credor ou, se impossível, arrematando o bem através de terceiros para fazê-lo mais tarde voltar ao patrimônio da família ou da empresa. Quando o bem é arrematado por terceiro e é imprescindível à empresa, ele a procura para que ela o readquira por preço superior ao que pagou no leilão ou até o alugue. Trata-se de uma prática irregular, mas muito usada. Há pequenas empresas que têm todos os bens já leiloados, arrematados por terceiro e mantidos sob locação. Se o juiz souber que houve simulação, ele permitirá nova penhora. Entendemos que, se o leilão for real, sem simulação, tanto como a locação dos bens à empresa devedora, sobre eles não poderão incidir novas penhoras.

Se a empresa continua funcionando, a penhora poderá recair sobre suas receitas, as entradas no seu caixa. Em certos casos, inexistindo o que penhorar, o reclamante poderá pedir certidão na JT, onde conste seu crédito e tentativas inúteis de execução, protestá-la em cartórios de protesto e pedir a falência no fórum cível. A empresa terá seu nome publicado nos jornais, nas colunas específicas de empresas que pedem recuperação judicial ou que têm suas falências requeridas ou decretadas. Para evitar a publicação terá de correr e depositar o valor do pedido. Se a ordem de publicação já seguiu para os jornais, poderá tentar junto com o juiz que ele desautorize a publicação, o que nem sempre é viável.

Decretada a falência, os sócios da empresa falida devem

entregar seus livros ao síndico nomeado pelo juiz e explicar onde foram parar seus bens. Com a decretação de falência, a execução trabalhista fica suspensa até a habilitação do crédito pelo reclamante, no processo falimentar, no qual terá tratamento privilegiado. Na prática, dificilmente será recebido, pois falência e o inferno são a mesma coisa para os empresários; a empresa que a permite já está na "bacia das almas". Se houver alguma irregularidade na falência, o juiz desta poderá decretar a desconsideração da pessoa jurídica e dirigir a execução contra os sócios.

Quando o sócio responde pessoalmente por dívidas da empresa

As empresas constituídas como sociedades de responsabilidade limitada têm o *limitada* cada vez menos respeitado. Aliás, na JT serve apenas para determinar o início da execução contra a empresa para, só depois, se ela não pagar ou não apontar bens à penhora, ou se não forem encontrado bens a penhorar, ser dirigida contra os sócios.

Na prática há muitos juízes que saltam etapas e dirigem a execução rapidamente contra os sócios, argumentando com o descumprimento das obrigações da empresa na execução, necessidade de agilidade ou até possibilidade de os sócios alienarem seus bens.

As empresas de responsabilidade limitada sempre foram um modelo empresarial muito importante no país. O objetivo é permitir que o investidor aplique e arrisque apenas parte de seu capital. Com essa proposta, a lei que a criou, de 1919, foi importantíssima no desenvolvimento do país, responsável por muitos milhões de empreendimentos e empregos, produção e bens de serviços. Na prática, tem sido cada vez mais aceita a "teoria da desconsideração da pessoa jurídica" e o sócio de uma limitada não tem segurança nenhuma quanto a preservar o restante de seu patrimônio. Arriscar 1/10 do patrimônio corresponde a arriscá-lo todo, em nome do direito do trabalhador à remuneração, um valor considerado mais elevado.

O país tem um grande desafio: encontrar uma fórmula pela qual as pessoas possam aplicar apenas uma parte de seu patrimônio e preservar o restante, garantindo também o recebimento pelos credores, em especial trabalhistas, de seus direitos. Pode-se pensar em um seguro, ou uma partilha de riscos entre todos os envolvidos, empresário, Estado, fornecedores, até trabalhadores de remuneração mais elevada (com atividades de diretoria, por exemplo). Isto se justifica na medida em que a empresa vai se tornando, cada vez mais, um bem social que produz bens e serviços, e o pagamento de verbas como Participação nos Lucros e Resultados (PLR) e outras vão se disseminando.

Os juízes justificam a desconsideração da pessoa jurídica argumentando que o Estado defere ao particular o direito de abrir a empresa e ter o risco limitado, mas sob condição que ele se conduza conforme a lei. Cumprir obrigações e pagar as dívidas que assume fazem parte dessa exigência.

Trata-se de uma afirmação correta teoricamente, mas que nem sempre se ajusta às necessidades do desenvolvimento nacional. Muita gente se conduz de forma íntegra e correta e perde tudo que investiu, capital e trabalho. Nessas ocasiões, fecha as portas e, na maioria das vezes, não tem como pagar os credores. Mais de 50% das empresas fecham as portas em menos de três anos de vida (53% de acordo com pesquisas do Sebrae, em 2012).

Não poucas vezes, o encerramento das atividades da empresa decorre de alterações de mercado por barbeiragens governamentais, crises externas ou até medidas corretas do Poder Público. Assistimos, nos últimos anos, ora à proibição, ora à liberação da importação de determinados produtos, valorização ou desvalorização cambial, muitas vezes após promessas do presidente da República de que isso não aconteceria, ora estímulo ora restrições à produção de determinados bens. Assistimos, também, à invasão de diversos tipos de produtos chineses, por preços muito mais baratos, pois nesse país inexistem os encargos trabalhistas e a carga tributária bovina característica do modelo brasileiro.

Em São Paulo, nos últimos anos, uma lei municipal proibiu abertura dos bares após a 1 hora; outra, a publicidade exterior; uma terceira, a circulação de caminhões de entrega de mercadorias nos principais bairros comerciais. Evidente que tais medidas levam à quebra de muitas empresas. Leis como essas poderiam ser implantadas gradualmente, mas há políticos que preferem efeitos bombásticos de seus atos e então danem-se o empresário, seus funcionários e credores. Outras vezes, isso é impossível. Seria o caos se um presidente da República anunciasse antecipadamente que iria valorizar ou desvalorizar o dólar.

Pelo novo Código Civil, o sócio da empresa só deve responder *"em caso de abuso da personalidade jurídica, caracterizado pelo desvio de finalidade ou pela confusão patrimonial"* e, assim mesmo, em *"certas e determinadas relações de obrigações"*.

A CLT não tem previsão específica, não define limites objetivos e subjetivos no caso de desconsideração da pessoa jurídica, mas diz que o risco do empreendimento é todo do empresário. A partir dessa assertiva, os juízes concluem que a execução deve ser dirigida contra todos os sócios quando a empresa não paga o valor da condenação, sem qualquer outra ponderação ou distinção. Muitos juízes incluem imediatamente os sócios da empresa no passivo da execução, sem sequer esgotar as possibilidades de fazer a empresa pagar.

A maioria dos juízes cíveis ou fazendários considera que só nos casos de infrações mais graves pode-se dirigir a cobrança de débitos da empresa contra a pessoa física dos sócios. Mas outra corrente acha que fechar a empresa sem pagar as dívidas já é uma infração que justifica a penhora de bens dos sócios para saldar dívidas junto aos credores, até mesmo o fisco. Depois de algum tempo de vacilação, a tendência da jurisprudência atual vem reforçando a primeira corrente.

Na JT há pouco ou nenhum interesse se um sócio age dolosamente e se apossa de bens do trabalhador e o outro o trata decentemente, é minoritário, honesto e não administra a empresa. Para a maioria dos juízes trabalhistas, todos são igualmente culpados, delinquentes e azar do que tem o bem penhorado primeiro, pois este é que pagará. Se existe um honesto e outro desonesto, o bem penhorado geralmente é do inocente, pois o desonesto dificulta o encontro dos seus. Há poucas exceções, quando os juízes determinam que a execução seja dirigida primeiramente contra o sócio majoritário e administrador. Na JT há juízes que sequer aceitam separar sócios remanescentes dos que deixaram a empresa.

O sócio que perder seus bens poderá tentar exercer o direito de regresso contra os demais para que eles paguem suas respectivas partes, proporcionais ao capital social possuído. Essa ação só cabe na justiça cível, pois inexiste relação de emprego entre eles (apenas relação societária), e o juiz trabalhista não aceitará esse tipo de discussão nos autos da reclamação trabalhista. Seria muito importante viabilizar esta possibilidade também na JT, nos autos do mesmo processo, para obter economia processual e agilidade. O sócio que pagou pela reclamação trabalhista tem, pois, que começar um ação civil e, se conseguir ressarcir-se com algum valor, será depois de muitos anos.

O instituto da desconsideração da pessoa jurídica, que parece justo em um primeiro momento (nada mais razoável que o credor receber seu crédito), é muito perigoso para toda a economia do país. O resultado pode ser negativo para o desenvolvimento nacional, pois nada mais razoável que estimular a poupança e investimento, sem o qual país algum se desenvolve. É justo, insistimos, que se procure fórmulas que deem um pouco mais de segurança para que as pessoas (milhões de trabalhadores, também) retirem uma fração de seu patrimônio, invistam e corram risco apenas por essa fração. Muitas pessoas não se atreverão a investir se souberem que poderão perder o investimento e tudo que têm. É menos emprego, PIB, impostos, concorrência, bens, serviços, prejudicando trabalhadores, o fisco, a sociedade, os consumidores, o país.

Muitos recursos são perdidos quando os sócios, na busca de segurança, fazem engenharias para defender seus patrimônios, blindagens e outros expedientes. Muitas dessas providências são ilegais e todas são caras, imobilizam capitais que poderiam ser usados nas empresas, e seriam desnecessárias se houvesse previsibilidade e segurança. No entanto, até mesmo a residência da família é colocada em risco e então, julga boa parte dos empreendedores, nada mais razoável do que tentar se defender.

No cível, temos algumas fórmulas para buscar soluções. A empresa que não consegue cumprir suas obrigações pode pedir recuperação judicial, pode ter decretada sua falência a pedido de credor ou poderá, ela mesmo, pedir autofalência. Nesses casos, em que pese a revolta dos juízes trabalhistas, os tribunais superiores estão determinando que os créditos decorrentes de reclamações sejam submetidos aos juízes cíveis, ditos universais, tendo tratamento diferenciado, ou seja, estarão entre os primeiros a serem pagos. Não obstante, é muito comum que não sobre o suficiente para pagar trabalhadores.

Os advogados retardam o máximo possível a habilitação de seus créditos nas empresas em recuperação ou falidas, pois na JT continuam correndo correção e juros, o que nem sempre acontece no juízo universal. Alguns tentam ignorar esses procedimentos, ignorar a recuperação ou a falência, pedir desconsideração da pessoa jurídica e dirigir a execução direto contra os sócios. Recentemente, os tribunais trabalhistas têm decidido que empresas em recuperação judicial não podem atrasar salários ou deixar de cumprir obrigações trabalhistas, tanto como qualquer outra empresa; e, se não pagarem ou atrasarem, determinam a penhora de bens dos sócios, vasculhando, inclusive, suas contas bancárias.

Consequências do fechamento das portas para o empresário

Tanto os processos de recuperação judicial como os de falência são caros e complicados. O empresário que fecha suas portas, com raras exceções, já está no fim da linha, esgotado financeiramente, moralmente e psicologicamente, após lutar contra as adversidades, a concorrência, muitas vezes desleal, os credores que não pagam, os bancos que cobram juros extorsivos. Some-se a isso os amigos do alheio que assaltam tranquilamente pessoas físicas e jurídicas, as reclamações trabalhistas, a "diarreia de leis" (Calmon de Passos) restritivas e onerosas, a invasão do mercado por produtos chineses, as alterações do câmbio, a carga tributária bovina e normas surreais e burocráticas para pagá-las.

Ele faz um último esforço para pagar um ou outro credor, geralmente funcionários, e depois fecha as portas, às vezes sem se dar ao trabalho de entregar as chaves ao locador, tão desorientado se encontra. Alguns, se ainda lhes resta alguma força, fazem uma *"concordata branca"*, ou seja, chamam os credores e prometem pagar-lhes ao longo de um certo tempo. Não têm condições de consultar advogados e pedir recuperação judicial ou autofalência, muito menos ficar correndo atrás de dezenas de documentos e órgãos públicos para encerrar formalmente a empresa.

Simplificar o encerramento de atividades de empresas, com a maior celeridade possível, é outro desafio a ser enfrentado. Para não ser onerado por lançamentos fiscais, recomenda-se ao empresário que pelo menos envie carta registrada aos órgãos públicos, afirmando que fechou a empresa. Quando isso não acontece, a Receita Federal, por exemplo, continua a considerá-lo aberto e a lançar débitos fiscais por descumprimento de obrigações.

Com relação a reclamações trabalhistas, o empresário que fecha a empresa deve tentar convencer os trabalhadores, reclamantes e seus advogados, se já foram à Justiça, a fazerem acordos possíveis, se ainda lhe resta algum fôlego financeiro. Sua péssima situação deve ser argumento nas reclamações. É justo que seu advogado junte protestos, cartas de cobrança, inclusive as dirigidas contra a pessoa do empresário, por não pagamento de luz, água, escola dos filhos. Até mesmo juízes trabalhistas e advogados da parte adversa podem se sensibilizar ou, no mínimo, com medo de não receber nada, ser mais flexíveis nos acordos.

Os trabalhadores, se foram tratados como recomendamos, quase sempre se sensibilizam, reduzem pleitos e se tornam mais razoáveis nas tentativas de acordo. Lembremos que muitas vezes o acordo é a única forma de receber algum valor de quem nada mais tem como patrimônio, exceto a honra, algum crédito junto à família e amigos e a capacidade de voltar a trabalhar.

Muitos empresários tentam acordo apenas para manter a possibilidade de voltar a abrir empresa no futuro. Tentam então sair da tempestade em condições de salvar pelo menos seu nome, pois até este fica comprometido por mais de uma década, em certos casos até mais de duas, no encerramento irregular das atividades. Quase sempre, parte do patrimônio moral – e não só o físico e o financeiro – é perdido quando o empreendimento não sobrevive. Todo candidato a empresário deve saber dessa realidade, dos reflexos cruéis do caminho que escolhe, pois revistas e programas de TV apresentam apenas os casos de sucesso e raras vezes mostram a situação vivida pelos que ficam pelo caminho.

Em livros que escrevi para a Editora Senac, quando advogado mais jovem, sempre enfatizei a dura realidade da vida empresarial, pouco divulgada pela mídia. Também divulguei essa outra face do empreendedorismo, nos 13 anos em que atuei como editor de uma revista de negócios. Às revistas vendidas em bancas, não interessa contar o lado negro, pois essa versão sombria do empreendedorismo não vende. As pessoas se sentem atraídas pelos casos de sucesso, não pela choradeira dos perdedores.

Responsabilidade do sócio que deixou a empresa

Na JT mesmo o sócio que saiu da empresa anos antes de iniciada a reclamação também corre risco, especialmente se o trabalhador foi admitido quando ele ainda era sócio. Basta um mês nessa situação para muitos juízes tentarem fazê-lo pagar por dez anos. Parte dos magistrados aplicam a norma do Código Civil, segundo a qual a responsabilidade do sócio é admitida até dois anos após sua saída da empresa. Outros o isentam quando ele deixou a empresa anos antes, e ela estava financeiramente equilibrada e em dia com suas obrigações.

Estão errados e são extremamente injustos e comodistas; existem os que sequer se dão ao trabalho de primeiro executar os sócios que constam do contrato e são responsáveis pelos ilícitos para depois dirigir a execução contra os ex-sócios. Mais uma vez afirmamos, até porque é possível provar facilmente, que a maior parte dos juízes trabalhistas não faz diferença entre sócios inocentes e culpados, minoritários e majoritários e tantas outras situações, e muitos consideram a responsabilidade do empresário que passa pela empresa como sendo eterna.

Tivemos em nosso escritório um caso no qual o juiz penhorou bens do sócio que havia deixado a empresa mais de uma década antes, quando nos autos havia indicação de bens de cinco sócios mantidos no contrato social, recusando-se a reavaliar sua decisão. Ao contrário, depois de anos, por menos de R$ 15 mil de saldo devido ao reclamante, mandou penhorar sua residência. Este ex-sócio ajuizou embargos de terceiro, mas o juiz ficou anos sem decidi-lo. Foi ao TRT da 2ª Região com mandado de segurança e este decidiu que se o ex-sócio tinha ajuizado embargos de terceiro, não tinha direito a esse novo recurso jurídico. Ou seja, o cidadão sofria um constrangimento totalmente ilegal, mas não tinha como se livrar da perseguição. A casa penhorada, por sua vez, valia cem vezes mais que a dívida, era "excesso de penhora".

Qualquer advogado patronal sabe de diversas arbitrariedades igualmente absurdas. A impressão que fica para esses advogados é que muitas vezes os juízes não se dão ao trabalho de ler suas petições.

Não obstante o direito do trabalhador a seu crédito, e até por não ser necessariamente prejudicial a ele, os juízes deveriam observar, como critérios de Justiça, o princípio da moralidade, da razoabilidade, ter um mínimo de sensibilidade pelas pessoas honestas, ainda que empresários, frente a um delinquente, também sócio.

Prevalecem quase sempre o viés antiempresarial e a prepotência que o cargo permite, a total despreocupação com o que entendemos como verdadeira justiça: separar o honesto do desonesto, o culpado do inocente, o majoritário e administrador do que apenas empresta o nome para possibilitar o registro da empresa e tem uma porcentagem simbólica de quotas (mais uma vez, não afirmaríamos sem poder provar).

O sócio que deixa a empresa deve, pois, tomar precauções. Fazer balanço detalhado da situação financeira, levar cópia de documentos demonstrando que as obrigações estão pagas, registrar na junta comercial a alteração contratual, juntar cópia em todas as reclamações, obter garantias dos sócios remanescentes de que todas as obrigações trabalhistas serão cumpridas e até garantidores desse compromisso.

Responsabilidade do sócio que entra na empresa

Devido à insegurança transmitida pelas reclamações trabalhistas, não só deixar a condição de sócio de uma empresa que continuará no mercado é arriscado, mas também entrar como sócio em uma que tenha funcionários, pois é praticamente impossível medir passivos trabalhistas. Não é difícil calcular o quanto isso prejudica a atividade econômica e os trabalhadores, muitos dispensados nessas ocasiões.

Certa ocasião, fomos procurados pelo proprietário de um restaurante de Florianópolis, que, após uma desavença, havia demitido oito de seus funcionários, todos garçons, com a mesma remuneração, com aproximadamente cinco anos de serviço. Todos ajuizaram reclamações trabalhistas na mesma semana, em varas diferentes. As sentenças condenaram o estabelecimento a valores que variavam de R$ 12 mil a R$ 180 mil, não tendo havido duas decisões iguais. No total as condenações somaram mais de R$ 500 mil e nem vendendo o restaurante ele conseguiria pagar a dívida.

Outros funcionários, encantados com as condenações elevadas, deixaram o estabelecimento e foram arriscar sua sorte em reclamações trabalhistas contra o empresário. E nada se podia fazer, pois, apesar do absurdo, a situação estava consolidada, as condenações tinham transitado em julgado. Trata-se de uma exceção? De jeito nenhum. Trata-se de fato muito comum. Qualquer empresário experiente cita casos de decisões totalmente disparatadas em reclamações sobre uma mesma situação dadas por diferentes juízes.

Não faltam, inclusive, os casos em que há sentenças de procedência e sentenças de improcedência. Os juízes são independentes e cada um tem uma cabeça, chegando livremente a suas conclusões. A liberdade de o juiz firmar seu convencimento é a única alternativa para um Judiciário independente, mas o excesso, as decisões exageradamente disparatadas são insuportáveis para as partes e o fato de serem comuns é inaceitável, resultando em terrível insegurança jurídica.

As sentenças mais disparatadas acontecem em situações mais complexas, atividades que exigem jornadas e intervalos de descanso diferenciados, ou se trabalha parte em período diurno e parte no noturno, quando os funcionários recebem gorjeta ou comissões, cada um dizendo um valor e o juiz decidindo qual valor deve aceitar.

Há dezenas de regulamentos a serem considerados, dezenas de normas e implicações da CLT, dezenas decorrentes da convenção coletiva, na qual um benefício que é admitido dificilmente é retirado no futuro e diversos vão se acumulando. Muitas outras premissas, a partir das quais se tomam decisões, resultam de correntes jurisprudenciais admitidas pelo juiz. A subjetividade é fantástica, tanto como a margem de interpretação e a liberdade do magistrado, que passa a ser temida.

Devido a essa insegurança, à imprevisibilidade, essas empresas têm seu valor reduzido a menos da metade se forem postas à venda, fato que é muito comum quando o proprietário morre ou está mal financeiramente. Na saída de um sócio ou na venda da empresa, os trabalhadores são todos demitidos e indenizados, para que o comprador faça o negócio, o novo sócio aceite investir. E a rescisão dos vínculos tem que ser em reclamações trabalhistas, a única forma de se obter segurança jurídica.

Ninguém que tem patrimônio e quer gerir honestamente um negócio aceita correr riscos com a Justiça do Trabalho, riscos esses impossíveis de dimensionar. Trata-se de um fato, realidade, uma conduta inevitável imposta de um lado pelo desejo de um mínimo de segurança de quem acumulou patrimônio ao longo da vida e vai investi-lo, de outro pela legislação trabalhista, mas muito pelas decisões da JT, que tem cultura e vida própria, como se constata pelas decisões disparatadas.

No caso citado do restaurante de Florianópolis, a lei era a mesma para todos, mas os juízes fizeram a diferença.

Ação rescisória e ação anulatória

Para empregadores que perdem reclamações trabalhistas de valores delirantes, por erro de fato cometido pelo juiz, fraude cometida pelo reclamante ou situação semelhante, resta ainda uma última esperança: a ação rescisória, que pode rescindir a decisão e, se houver pedido, pode até dar uma outra em sentido contrário.

É relevante saber, no entanto, que é muito difícil obter sucesso nessas ações. Em geral, os juízes preferem manter as decisões dos colegas. Mas, se o fundamento jurídico existe, ela deve ser tentada.

A ação rescisória não serve para paralisar a execução da sentença anterior, por ela atacada, exceto em situações excepcionais. Nesses casos, pode-se pedir uma antecipação de tutela, mostrando provas inequívocas de que houve mesmo um erro grave na decisão atacada. Nesses casos, a execução da sentença anterior só continuará se a ação rescisória for declarada improcedente, ou então será cancelada em definitivo, se a ação rescisória for procedente.

O Código de Processo Civil relaciona os casos em que é possível se admitir a ação rescisória, norma admitida também na JT para essa finalidade:

Art. 485 - A sentença de mérito, transitada em julgado,

pode ser rescindida quando:

I – se verificar que foi dada por prevaricação, concussão ou corrupção do juiz;

II – proferida por juiz impedido ou absolutamente incompetente;

III – resultar de dolo da parte vencedora em detrimento da parte vencida, ou de colusão entre as partes, a fim de fraudar a lei;

IV – ofender a coisa julgada;

V – violar literal disposição de lei;

VI – se fundar em prova, cuja falsidade tenha sido apurada em processo criminal, ou seja, provada na própria ação rescisória;

VII – depois da sentença, o autor obtiver documento novo, cuja existência ignorava, ou de que não pôde fazer uso, capaz, por si só, de lhe assegurar pronunciamento favorável;

VIII – houver fundamento para invalidar confissão, desistência ou transação, em que se baseou a sentença;

IX – fundada em erro de fato, resultante de atos ou de documentos da causa.

§ 1º - Há erro, quando a sentença admitir um fato inexistente, ou quando considerar inexistente um fato efetivamente ocorrido.

§ 2º - É indispensável, num como noutro caso, que não tenha havido controvérsia, nem pronunciamento judicial sobre o fato.

A proposição dessa ação pelo prejudicado deve ser feita em até dois anos depois do trânsito em julgado da decisão que se quer rescindir. Terá ele que fazer um depósito, equivalente a 5% do valor da causa (em geral o valor a que foi condenado) e que perderá se ela for declarada improcedente por unanimidade.

Pode-se obter ainda a anulação de resultado de uma ação ou de atos judiciais que não dependam da sentença ou que sejam simplesmente homologatórios. Por exemplo, é possível tentar anular uma hasta pública na qual o bem foi leiloado por preço vil, uma partilha, um acordo em que houve erro substancial ou dolo de uma das partes. Se não houve citação de uma das partes, é possível anular todos os atos do processo, para que ele retorne ao seu início e o juiz abra o prazo para contestar.

10 CONTRATOS COM PESSOAS FÍSICAS OU JURÍDICAS

Os diversos contratos que podem ser feitos entre o empregador e o empregado ou com um profissional independente.

Contratos de trabalho

O contrato de trabalho clássico pode ser feito por tempo determinado ou indeterminado e ocorre quando uma pessoa física presta serviços de natureza não eventual a empregador, sob dependência deste e mediante salário. Portanto, quem presta serviço não eventual, de forma subordinada (obedecendo hierarquia) e recebe remuneração regular por esse serviço, é considerado empregado na JT, pouco importando se há contrato dizendo algo diferente ou outra avença ou título. Vigora o princípio da realidade, em especial se há subordinação, tida como o principal elemento caracterizador do vínculo.

Muitos empresários e trabalhadores mais preparados preferem contratar a relação de trabalho como sendo entre pessoas jurídicas independentes. Isto permite a um bom profissional maior autonomia e remuneração e para a empresa, menor custo. Do profissional que constitui sua própria pessoa jurídica ou trabalha de forma independente, em vez de horário e hierarquia, exige-se principalmente resultados. Estes profissionais podem ser desde simples técnicos de eletricidade ou encanadores, até outros de elevado gabarito, tão caros que a empresa não pode tê-los de forma permanente. Interessante notar que consultores caríssimos circulam pelas empresas ganhando fortunas e jamais aceitando prender-se a vínculos trabalhistas. No entanto, se um deles levar seu caso à JT, existe a probabilidade de o vínculo ser reconhecido e a empresa ser acusada por tentar terceirizar suas atividades.

Os contratos entre empresas e profissionais que também representam pessoas jurídicas, suas próprias empresas, pessoas jurídicas, nunca foram bem vistos pela JT. Para muitos juízes, são apenas meios de *precarizar* a relação de trabalho. Por eles, a contratante e o contratado procuram se beneficiar, reduzindo verbas a pagar ao fisco e ao INSS e evitando depósito do FGTS. Ao estabelecer esse tipo de contrato, a empresa tem de levar em conta esses riscos, mas evidentemente não deve deixar de contratar, se julga o profissional importante e se a relação custo-benefício justifica o risco.

Contrato por tempo determinado

O contrato por tempo determinado tem limite de dois anos, início e término determinados por acordo entre a empresa e o trabalhador e é mais usado para atividades específicas. Passou a ser admitido para contratar funcionários, visando suprir necessidades específicas das empresas, em determinadas ocasiões, e também a reduzir o desemprego.

O trabalhador tem todos os direitos trabalhistas, exceto o de continuidade da relação de emprego quando o contrato chega a seu final. Se a empresa o mantém, mesmo que por um dia além do prazo, o contrato passa a ser considerado por tempo indeterminado. Mais recentemente, o TST aprovou uma súmula ditando que se uma funcionária fica grávida durante o contrato por tempo indeterminado, ela terá o mesmo direito de estabilidade possível nos contratos por tempo determinado e este será mais um motivo para empresas evitarem a contratação de mulheres, ainda que seja ato ilícito.

Contrato de experiência

O contrato de experiência é uma modalidade de contrato por tempo determinado. É muito útil para algumas empresas, mas a maioria não o usa. Depois de gastar tempo e dinheiro atrás de um profissional, não tem muito sentido contratá-lo por apenas 90 dias. Melhor é escolher criteriosamente e fazer contratação definitiva. Por sua vez, bons profissionais, já reconhecidos no mercado, não aceitam contratos de experiência, exceto se as condições oferecidas, após esse período de teste, forem muito boas. Em épocas de aquecimento econômico, quando sobram vagas e falta mão de obra, nem mesmo trabalhadores de profissões mais simples o aceitam.

De qualquer forma, a empresa, antes de contratar um funcionário por contrato de tempo indeterminado, pode fazê-lo por esse período de experiência, de até 90 dias. Pode também ser por prazos como 30 ou 45 dias, prazos esses que podem ser prorrogados uma única vez, pelo mesmo número de dias, contanto que, somados, não ultrapassem os 90 dias. Um único dia a mais e o contrato será considerado por prazo indeterminado.

O objetivo do contrato de experiência é propiciar condições para que a empresa e o trabalhador se avaliem mutuamente. Se ambos se aprovarem, poderão assinar contrato por tempo indeterminado. Se não houver essa contratação, a empresa não precisa pagar aviso prévio e multa de 40% sobre o FGTS.

O contrato de experiência passou a sofrer os efeitos da

súmula anteriormente referida, sobre a funcionária que fica grávida no período, adquirindo estabilidade.

Banco de horas

O banco de horas, inovação mais recente, permite que a empresa faça acordo com seus trabalhadores para que estes trabalhem até no máximo duas horas a mais em alguns dias e compensem esse excesso em outros, quando trabalharão duas horas a menos, sem que haja qualquer redução ou aumento de salário. É muito importante em algumas atividades, as de lazer por exemplo (cinema, teatro, bares), nas quais o movimento de clientes costuma ser pequeno de segunda a quinta-feira e muito intenso na sexta-feira, sábado e domingo.

Para a implantação de banco de horas, é necessário que a empresa faça acordo coletivo com seus funcionários, com participação do sindicato laboral, e protocole esse acordo no MTE. No entanto, já houve decisões da JT validando acordos de banco de horas sem intervenção do sindicato, o que merece elogios. Como se percebe, os juízes podem ser razoáveis na interpretação de normas e situações, inclusive confirmando exigências caducas de leis. Os sindicatos não têm porque objetar esse tipo de acordo.

A empresa tem 180 dias para permitir que o trabalhador compense horas trabalhadas a mais em determinados dias. Se o funcionário faltar, em dia em que deveria trabalhar mais ou menos horas, desconta-se como se fosse um dia normal. Se a empresa não cumpre o que está tratado, o acordo pode ser cancelado e ela será condenada a pagar como horas extras as trabalhadas a mais, além de correr risco de ser multada.

Contrato de mão de obra temporária

A mão de obra temporária pode ser encontrada em empresas especializadas, que poderão fornecê-la com o perfil desejado e nos momentos em que ela se faz necessária. Esses trabalhadores têm na empresa que os contrata, originalmente, todos os direitos trabalhistas. São, no entanto, indicados para trabalhar em outras, destinatárias, que precisam desse reforço.

É muito comum a contratação de mão de obra temporária em determinadas ocasiões, como no Natal e durante as festas de fim de ano. Nas cidades que atraem multidões de turistas em época de temporada (Campos do Jordão e Gramado em julho, cidades com praia nos meses de verão), ela é fundamental. Um hotel nessas cidades trabalha lotado nas temporadas, poucos meses por ano, e fica quase que inteiramente vazio nos demais. Não pode atender mal na temporada, quando tem que ter muitos funcionários e, por outro lado, não pode ter muitos fora dela ociosos. A solução está em contratação de mão de obra temporária.

Convém que a empresa tomadora escolha a empresa fornecedora de mão de obra temporária criteriosamente. Deve examinar há quanto tempo ela existe, se não é ré em muitas ações civis, fiscais e trabalhistas; fazer buscas ou exigir certidões de cartórios de protestos (pode-se exigir certidão negativa de débitos trabalhistas); verificar qual seu capital; em especial, pedir referências, entre outras formas de ter segurança. Se o valor do contrato é elevado, a tomadora pode até mesmo procurar saber o nome dos sócios e também aferir a idoneidade dos mesmos, pois será responsável subsidiária, caso essa empresa não cumpra com obrigações trabalhistas e previdenciárias.

Deve também, durante o decurso do contrato, verificar se a prestadora paga corretamente todos os direitos do funcionário enviado (FGTS, INSS, vale-transporte, vale-refeição etc.), pois, se isto não está ocorrendo, é bem possível que esse funcionário, chamado terceirizado, vá reclamar na JT. Nesse caso, ele pode chamar como reclamadas, tanto a empresa que o contratou como aquelas em que prestou serviços, como explicaremos mais detalhadamente no texto sobre terceirização. Se a empresa de mão de obra temporária se recusa a demonstrar que paga esses direitos corretamente, o tomador da mão de obra deve desconfiar e ir buscar outra para servi-lo. No contrato sempre deve constar a obrigação de a contratada demonstrar que cumpre suas obrigações, mensalmente.

O fornecimento dessa mão de obra deve ser feito depois de assinado contrato escrito, obrigatório perante a fiscalização do MTE, discriminando o tempo de prestação dos serviços, o motivo que leva o estabelecimento a procurar pelos trabalhadores extras e as condições e função em que eles irão trabalhar. O estabelecimento pagará um valor fixo à empresa fornecedora, no qual estarão embutidos todos os custos e encargos que esta terá com os funcionários, além de uma margem de lucro. Se o preço é muito inferior aos de mercado, é motivo para a contratante desconfiar; os funcionários podem estar sendo lesados.

Esses contratos podem ter duração de 90 dias, renováveis por mais 90, no máximo.

Quanto custa empregar um trabalhador

As despesas de contratação no Brasil ultrapassam a casa dos 100%, segundo o professor José Pastore, cálculo com base na Constituição e na CLT. Seguem, divididas, segundo cada tipo de despesa e a porcentagem que representam sobre o salário:

Grupo A (contribuições sociais = 35,80%):
INSS, 20%;
FGTS, 8%;
Acidentes de trabalho (média), 2%;
Salário-educação, 2,5%;
Sesi/Sesc/Sest, 1,5%;
Senai/Senac/Senat, 1%;
Sebrae, 0,6%;
Incra, 0,2%;

Como evitar reclamações trabalhistas – e levar a bom termo as existentes

Grupo B (remuneração do tempo não trabalhado I = 38,23%):
Repouso semanal, 18,91%;
Férias, 9,45%;
Abono de férias, 3,64%;
Feriados, 4,36%;
Aviso prévio, 1,32%;
Auxílio-enfermidade, 0,55%;
Grupo C (remuneração do tempo não trabalhado II = 13,85%):
13º salário, 10,91%;
Despesa de rescisão contratual, 2,94%;
Grupo D (incidências cumulativas = 14,55%):
Incidência cumulativa grupo A/grupo B, 13,68%;
Incidência do FGTS sobre 13º salário, 0,87%;
Total geral = 102,43%.

11 TERCEIRIZAÇÃO

As consequências trabalhistas da terceirização de serviços; responsabilidade solidária e subsidiária; como evitar a transferência de problemas da terceirizada para a tomadora.

Na justa aspiração de melhorar a qualidade de seus produtos ou serviços, de produzir mais e melhor e reduzir custos, muitas empresas procuram terceirizar determinados serviços, entregando-os a outras, especializadas ou mais eficientes, o que se chama terceirização. Trata-se de uma ferramenta moderna e inovadora para aumentar a produtividade, a qualidade, a variedade e/ou reduzir preços, ou seja, modalidade decisiva para se obter competitividade, tanto no mercado interno como internacional.

Pode-se dizer que é atividade moderna e inovadora pela intensidade como é usada atualmente, pois certas atividades são terceirizadas há muitas décadas ou até séculos. As pequenas empresas, por exemplo, sempre se socorreram de profissionais externos, contadores, advogados, eletricistas, para manter seus negócios ou sua sede. No mundo complexo da prestação de serviços atuais, não é incomum inclusive a quarteirização, que não deixa de ser um tipo de terceirização feita pela empresa terceirizada.

Na terceirização, além de contratar empresas competentes, é necessário também averiguar a sua solidez e seriedade no cumprimento de obrigações, especialmente trabalhistas, e fazer contratos detalhados nesse sentido, além de fiscalizá-las durante o período.

Na área trabalhista, os juízes entendem que, se o trabalhador terceirizado não recebe da prestadora de serviços, ele pode reclamar tanto contra esta como contra a tomadora. Assim, se a prestadora, por um motivo ou outro, não estiver pagando salário, FGTS etc., a tomadora terá de fazê-lo. Alguns juízes entendem que a tomadora é responsável subsidiária, ou seja, deve pagar se a prestadora não paga. Outros, mesmo inexistindo lei e contrariando o bom senso, dizem que a responsabilidade é solidária, ou seja, equivalente, igual. Estes, conduzidos por opções ideológicas, contrariam até mesmo entendimentos dos tribunais superiores. Mas é fato que o trabalhador da terceirizada tem dupla garantia, ao contrário de seus demais colegas. Se seu empregador quebra, ele pode agir contra a tomadora.

Para contratar a prestadora, a empresa tomadora de serviços deve tomar as providências anteriormente relacionadas para as fornecedoras de mão de obra temporária, ou seja, exigir provas de idoneidade e conferi-las. Durante a prestação de serviços, deve exigir documentos que provem que as obrigações trabalhistas estão sendo cumpridas.

Ainda que não conste em lei alguma, a JT limitou a possibilidade de usar a terceirização no país. As funções da prestadora e da tomadora de serviços, por exemplo, devem ser distintas. Uma empresa não pode terceirizar para outra sua *"atividade fim"*. Ou seja, se ela presta serviços de limpeza, não pode contratar outra que preste exatamente esse serviço aos clientes. Uma montadora de automóvel, por exemplo, pode contratar empresa de limpeza ou outra que faça pneus, acessórios, mas não pode empregar trabalhadores terceirizados para montar o veículo. Por esse mesmo motivo, a prestadora não deve ter um escritório ou algo parecido dentro da tomadora. Trata-se de restrição arbitrária, sem fundamento em lei alguma. Como para a JT a terceirização precariza as relações de emprego, ela assim decide para reduzir as possibilidades de uso de trabalhadores terceirizados.

Quanto mais entrosamento houver, mais confusão aparente de atividades, maior a responsabilidade da tomadora pelo inadimplemento de obrigações por parte da prestadora. É uma limitação que dificulta a competitividade do país no mercado internacional, onde estas objeções burocrático-trabalhistas inexistem.

Interessa, nos demais países, obter produtos e serviços melhores, mais abundantes e mais baratos, preservando-se naturalmente condições de legalidade e tratamento digno ao trabalhador. No Brasil, mesmo que se pagasse mais ao terceirizado, ele não poderia desenvolver atividade-fim em outra empresa. Isso demonstra o quanto é burocrática e contraditória a proibição da terceirização da atividade-fim.

Outro exemplo que merece ser lembrado foi a declaração pelo TST de validade de convenções coletivas assinadas entre determinados sindicatos de administradoras de condomínios com sindicatos de trabalhadores, proibindo os condomínios de contratar serviços terceirizados. Entre os argumentos, os magistrados declararam que porteiro era atividade-fim e que, como os trabalhadores receberiam melhor, a convenção era válida. Trata-se de uma decisão estapafúrdia, ideológica, que não resiste à menor análise. Condomínios são pessoas jurídicas, têm direito constitucional de contratar segundo seus interesses, ditados pelos condôminos. A convenção era nula até pelo princípio da moralidade, pois como admitir que um sindicato comandado por administradoras de condomínio assinasse por estes, prejudicando-os, elevando as comissões que cobram em mais de 30% (toda a contratação e administração de funcionários passaria a ser das administradoras, que cobram por serviços e comissões). Mesmo condomínios pequenos, que não precisavam de administradoras, teriam de contratá-las. Trata-se de uma odiosa reserva de mercado, aumento arbitrário de lucros, abuso de posição dominante, infrações à ordem econômica prevista em lei federal e à Constituição, prejudicando muitas dezenas de milhões de brasileiros que são condôminos em prédios comerciais ou residenciais. A maior falácia está em dizer que porteiro é atividade-fim de condomínio. Afinal, as pessoas criam condomínios para fins de conviverem da melhor forma possível no mesmo; isto é a atividade-fim. Ter porteiro é para receber pessoas. Há prédios onde o condomínio existe e o porteiro é desnecessário.

Pode constar do contrato entre prestadora e tomadora que, havendo reclamação trabalhista contra ambas, a tomadora poderá reter o valor a ser pago regularmente, até a extinção da reclamação, ou exigir o oferecimento de bem como garantia pela prestadora. O grande problema é que as reclamações em geral são de valores muito elevados, e então fica difícil para a prestadora aceitar a retenção integral do valor reclamado. Deve a tomadora ser razoável ou então não haverá contrato possível.

Alguns reclamantes, sabendo disso (muitas vezes a tática é estimulada por sindicatos e/ou seus advogados), reclamam valores elevados, sempre contra a tomadora e a prestadora, como forma de fazer pressão contra esta última. De um lado, ela teme pelo constrangimento imposto ao cliente, podendo perdê-lo se ele se sentir inseguro ou até mesmo incomodado. De outro, as reclamações podem desequilibrá-la financeiramente, diante da retenção de valores pela tomadora de serviços. A prestadora tende a fazer acordos desvantajosos para se livrar da pressão, o que também pode levá-la à inadimplência e a um círculo infernal de reclamações trabalhistas. Esse tipo de coação não existiria se os juízes condenassem os reclamantes que reclamam o que já está pago ou valores delirantes.

Na prestação de serviços terceirizados, é preciso que fique clara a distinção de funções e a hierarquia a que se submetem os funcionários da terceirizada. Eles não devem estar sob comando estrito de funcionários da tomadora, pois são empregados de outra empresa, fazendo serviços distintos. Quanto mais os terceirizados se submeterem às ordens de funcionários da tomadora, mais irá se caracterizar o vínculo trabalhista com ela. A subordinação é a característica essencial desse vínculo.

A preocupação de só contratar empresas idôneas para prestar serviços deve existir mesmo na área cível, pois, se os funcionários da empresa terceirizada causarem dano a alguém, a empresa contratante (tomadora) poderá ter que indenizar. Se o manobrista de uma empresa contratada para prestar serviços a uma empresa de comércio bate o carro do cliente em um poste ao manobrá-lo, o cliente, se não indenizado, amigavelmente, poderá escolher entre ajuizar a ação contra uma ou outra ou contra ambas. A empresa tomadora de serviço, no entanto, pode ressarcir o prejuízo e depois exercer o direito de regresso contra a empregadora do manobrista, sem deixar de provar que pagou corretamente, por ser devida a indenização.

A relação prestadora-tomadora de serviços pode assumir ainda diversos contornos em relação à JT. Se a tomadora resolver pagar verbas devidas a funcionário da prestadora de serviços, para acabar com a reclamação trabalhista, deve ter o cuidado de examinar se o pedido tem fundamento, informar a prestadora de que ela é que deve pagar e, se esta não o fizer no prazo dado, adimplir a obrigação. Pode então rescindir o contrato com a prestadora por justa causa e exigir multas, se previsto, e/ou pedir ressarcimento no fórum cível.

Se o pedido incluir dano moral, a questão fica mais complicada, pois ele é muito subjetivo. A tomadora até pode pagar o que acha razoável ou o que é exigido pelo reclamante, para proteger sua imagem e evitar ou terminar uma reclamação, mas o direito a ressarcimento, inclusive quanto ao valor, será complicado. Em juízo cível, os valores de condenação por dano moral são 50% menores, no mínimo, que os deferidos pela JT. Em certos casos poderá acontecer o contrário: o trabalhador dirigir o pedido de dano moral contra a prestadora e esta ter o direito de indenizá-lo e depois pedir ressarcimento à tomadora. Isso pode ocorrer se um funcionário da tomadora insultar o da prestadora ou em caso de acidente de trabalho, por culpa da tomadora. Em geral, a prestadora evita essa cobrança, mas tem até três anos para, após ressarcir seu funcionário, optar pela cobrança, que pode ser feita após a rescisão do contrato de prestação de serviços. Deve, para ter esse direito, guardar criteriosamente tudo que possa servir como prova da culpa, de despesas, pagamentos a advogados e custas etc.

Para evitar reclamações e prejuízos, as empresas tomadoras devem, enfim, selecionar a empresa prestadora e contratar criteriosa e detalhadamente a prestação de serviços: discutir preços, condições, número e qualidade dos funcionários que prestarão os serviços, funções, jornadas de trabalho, detalhes de como poderá fiscalizar se os direitos devidos aos trabalhadores estão sendo pagos. Pode incluir, ainda, cláusulas de como a prestadora indenizará clientes e a tomadora, se por culpa de seus funcionários, a prestadora sofrer acusações ou prejuízos; pode exigir, inclusive, certidões mensais da JT, tendo o cuidado evidentemente de usar o bom senso, pois é impossível encontrar empresa no país que não enfrente reclamações trabalhistas, regularmente.

Por sua vez, as prestadoras também podem tomar providências equivalentes. Se acusada por ato de um de seus funcionários, insulto a cliente e furto, por exemplo, pode até pagar indenização, se for exigido pela tomadora e não quiser perder o contrato. Futuramente, no entanto, pode tentar ressarcimento. O mesmo pode ocorrer se for obrigada a prestar mais serviços do que os contratados, sem o aumento respectivo de remuneração. Deve manifestar-se contrariada, ir tentando obter o aumento e, depois de algum tempo, tendo em vista o valor acumulado ou a rescisão do contrato, pode tentar indenização. Esse tempo não deve passar de três anos, pois o direito pode prescrever. Após mais de um ano os juízes podem decidir ainda que a relação contratual foi repactuada tacitamente.

Quanto à precarização da relação de trabalho, que tanto se discute, é questão que merece análise mais profunda. Como dito, as prestadoras de serviços mais humildes, braçais, geralmente vão buscar mão de obra nos subterrâneos da informalidade, nos confins da periferia, tendo de treiná-la, vesti-la, registrar em carteira – e para essa gente toda isso é um avanço, e não um retrocesso. Para o país também é muito importante, não só pela ascensão social e profissional dessa gente humilde, pelo pagamento da previdência e por elas ficarem sob a cobertura desta, mas porque todos passam a ser consumidores e produtores, entrando para o mercado formal.

É interessante notar que há um outro extremo, em que o serviço terceirizado é tão precioso e sofisticado que a empresa tomadora até gostaria de tê-lo de forma permanente e orgânica, mas não consegue por não poder pagar seu preço nessas condições. Acontece comumente com empresas de consultoria contábil, de assistência tecnológica, consultores na área de gestão, entre outros. Se raciocinássemos como acima, diríamos que as tomadoras de serviços ficariam precarizadas por não poderem ter esses prestadores de forma permanente em seus quadros. Já se constatou que boa parte do preconceito contra a terceirização é ditado por sindicatos tradicionais que têm perdido representação e contribuições sindicais para outros, de terceirizados. Estes, por sua vez, sem tradição de luta ou lideranças expressivas, ainda não se atrevem a defender a si mesmos, contra algo que as centrais criticam com tanta veemência. No entanto, não é difícil perceber que logo mais terão eles força suficiente para se destacar no campo sindical.

A crítica mais acerba deve ser dirigida ao início de tudo, a divisão totalmente arbitrária entre atividade-fim e atividade-meio, sem sustentação em uma única norma jurídica ou mesmo técnica. Considerações sociais dessa dimensão, com tanta repercussão, só o Congresso Nacional tem o direito de decidir. Os tribunais devem interpretar leis e não fazê-las. As intervenções normativas devem ser feitas de forma limitada, com todas as precauções, e ser provisórias.

12 O PAPEL DOS SINDICATOS; AS CONTRIBUIÇÕES DIVERSAS

A relação da empresa com o sindicato patronal e o de trabalhadores; relação custo-benefício em se associar; as contribuições sindical, assistencial e confederativa; as ações pelas quais os sindicatos patronais podem beneficiar empresas associadas.

Os sindicatos são entidades criadas pelos trabalhadores quando estes descobriram que apenas pela união, organização e mobilização conseguiriam safar-se da situação deplorável e abjeta em que se encontravam nos primórdios do capitalismo, inadmissível até mesmo para um animal de carga. Eram tempos em que se trabalhava doze, quatorze, até inacreditáveis dezesseis horas por dia, em alguns casos, sem férias, descanso remunerado e com remuneração que mal pagava os alimentos necessários para recuperar as forças e trabalhar no dia seguinte. Também é difícil de acreditar: crianças e mulheres tinham o mesmo tratamento. Ao ficarem idosos ou doentes, esses trabalhadores eram

Como evitar reclamações trabalhistas – e levar a bom termo as existentes

dispensados e então tinham que viver com ajuda da família ou da possível caridade alheia. Essa realidade é que iria levá-los a criar as primeiras organizações destinadas a socorrer idosos e desempregados, como, por exemplo, as associações de socorro mútuo.

Após as associações de socorro mútuo, criaram-se os sindicatos, que foram intensamente reprimidos, mas que, aos poucos, com muita luta, foram se desenvolvendo e se multiplicando, até conseguirem ser aceitos legalmente. Graças principalmente aos sindicatos, os trabalhadores conquistaram direito a férias, redução da jornada, salário mínimo e outros benefícios. Como a necessidade é a mãe da conduta humana e, no caso, da organização, só muito depois surgiram os sindicatos de atividades econômicas, reunindo empresas. No Brasil, foram ambos legalizados por Getúlio Vargas, mas vinculados ao Poder Público, que podia dissolvê-los, intervir e demitir diretorias eleitas, bloquear suas contas.

Mais uma vez foram os trabalhadores que lutaram contra o paternalismo e intervencionismo estatal. Conseguiram alguns êxitos, logo sendo reprimidos. Muitas de suas lideranças foram mortas, em época de ditaduras, tanto a do mesmo Getúlio Vargas como a dos militares, entre 1964 e 1985. Interessante notar que, a cada avanço do sindicato obreiro (de trabalhadores) em direção à liberdade, o sindicato patronal também se beneficiava, por exemplo, livrando-se do cabresto imposto pelo Estado.

Formas de organização, mobilização, manifestação de interesses, possibilidades de ações judiciais foram sendo conquistadas ou, no mínimo, usadas pelos sindicatos obreiros e só depois pelos patronais. Atualmente, os obreiros deixaram de lado formas de organização do tipo federação e confederação e criaram outras mais horizontais na organização e mais democráticas e ágeis na tomada de decisões, mais eficientes e representativas, as centrais sindicais. Enquanto isso, os empresários preferem manter-se com as fórmulas tradicionais, que ainda julgam adequadas.

Com a redemocratização e a Constituição de 1988, os sindicatos voltaram a ser independentes do poder estatal e receberam proteção constitucional. Ao lado dos aspectos positivos, especialmente na área da representação, surgiram outros negativos. Alguns sindicatos se tornaram excessivamente corporativos e outros verdadeiros negócios de famílias; há até aqueles em que o filho sucede o pai ou a esposa ao marido, como acontecia no feudalismo ou em tribos do interior da África.

A Constituição, tentando proteger os sindicatos das intervenções estatais, concedeu-lhes independência total, até no plano financeiro, vetando qualquer auditoria dos tribunais de contas. Como não podia deixar de acontecer, isto levou a abusos e desgastes na imagem das entidades. Se a contribuição sindical é arrecadada como imposto, seria razoável que sua aplicação fosse fiscalizada pelo Poder Público que, lembremos, representa a sociedade.

Atualmente, existem mais de 16 mil sindicatos no país e a cada ano mais de mil são criados e tentam se viabilizar, tamanho o interesse que despertam em lideranças e pseudolideranças. Alguns ministros do Trabalho e lideranças conscientes se preocupam regularmente em encontrar fórmulas que, sem mexer nos direitos essenciais e na cultura política, impeçam essa proliferação nociva. Em 2012, acumularam-se mais de 2 mil pedidos de registro de sindicatos no MTE, pois as autoridades e lideranças decidiram mudar as regras e dificultar o registro de novas entidades no cadastro sindical desse ministério.

Os sindicatos têm como sua principal função, atualmente, discutir e estabelecer a convenção coletiva, normas a serem obedecidas pelas empresas e trabalhadores do setor econômico por eles representado, ou então propor o dissídio, caso não haja acordo. Está entre os direitos dos sindicatos cobrar contribuições sindicais de empresas e trabalhadores, sua principal fonte de renda.

Com a Constituição de 1988, as entidades sindicais passaram a ter personalidade privada e existência civil pelo simples registro em cartório. Basta então meia dúzia de trabalhadores ou empresários se reunirem, escolhendo um nome e uma diretoria, aprovando um estatuto, para fundar um sindicato. Devem redi-

Como evitar reclamações trabalhistas – e levar a bom termo as existentes

gir atas (uma única pode ser de fundação e aprovação de estatuto e de eleição e posse da diretoria) e levar a registro. Aceito o registro, em cartórios de registro de pessoas jurídicas, a nova entidade passa a existir e seus dirigentes já podem agir em seu nome, podendo requerer CNPJ, inscrição municipal, abrir conta em banco, ajuizar ou ser ré em ações judiciais, enfim, exercer direitos e também responder por obrigações. É bom que os dirigentes se preocupem em agir nos limites dos estatutos e da lei, para evitar ter que responder pessoalmente por seus atos. A desconsideração da pessoa jurídica da entidade pode ser deferida pelo juiz, tanto como ocorre com empresas. A Justiça Trabalhista não faz distinção, quando se trata de indenizar um trabalhador que considera lesado.

Uma entidade civil pode fazer quase tudo que faz uma sindical. No entanto, o registro na relação de entidades sindicais reconhecidas do MTE continua relevante, pois é ele que habilita a entidade a cobrar contribuições obrigatórias, fazer convenções coletivas, representar a categoria de trabalhadores ou empresas (sindicato patronal) da atividade econômica no âmbito sindical.

Algumas entidades procuram apenas atender as formalidades exigidas pela lei, pouco se importando com representatividade real ou com efetiva solução dos problemas das categorias e atividades que dizem representar. O objetivo é arrecadar e pagar as mordomias e outros benefícios, éticos e não éticos, a seus dirigentes, que por isso mesmo buscam se eternizar no poder. Não por outro motivo, em várias atividades, as associações civis são mais poderosas e representativas que os sindicatos.

Outros, porém, lutam e conseguem representatividade real, concreta, e respeito na sociedade. Certas lideranças se destacam e se tornam homens públicos respeitados, formadores de opinião na sociedade, às vezes parlamentares das mais altas cortes. O sucesso está sempre relacionado à prestação de serviços e à obtenção de resultados na área institucional.

Por se acomodarem e por ser impossível ter nelas eleições democráticas, as federações e confederações de trabalhadores se tornaram inúteis. Para lutar por melhores condições de trabalho, estes criaram as centrais sindicais, mais uma vez avançando bem mais que o empresariado, ainda tímido quanto a mudanças em suas entidades. Centrais sindicais não podiam sobreviver como federações e confederações, onde o dinheiro da contribuição sindical jorra fácil e em montantes expressivos. Mesmo que registradas em cartório, sem bases, sem resultados, seria como se não existissem. Foram à luta e então conseguiram bases representativas e poder político de fato. Sindicatos de base, com representatividade, hoje em dia são disputadíssimos, pois determinam quotas, partes dos valores arrecadados a partir das contribuições sindicais a que tem direito o MTE e que são distribuídas às mesmas.

Algumas recebem mais, outras menos, outras não recebem nada, por não terem o mínimo de sindicatos filiados, exigência do MTE. Isso obriga as centrais a serem combativas e exigirem o mesmo dos sindicatos que formam suas bases, pois, caso contrário, suas diretorias serão trocadas nos processos eleitorais. Hoje em dia, os líderes sindicais dos trabalhadores têm de demonstrar combatividade feroz, às vezes irracional, na defesa dos mesmos, para não serem trocados pelos seus companheiros de diretoria ou por lideranças e chapas lançadas por oposições, patrocinados por outras centrais concorrentes.

Evidente que isso pode ter reflexos deletérios no cotidiano das empresas, tornando mais difícil sua gestão e relacionamento com os trabalhadores. Se não entender esses processos, o gestor terá muitas dificuldades em enfrentar ou se entender com os sindicatos. As grandes empresas têm funcionários especializados para se relacionarem com líderes sindicais. Como na política, não existe neutralidade na relação com a direção dos sindicatos de empresários e trabalhadores. Os que se acham neutros ou preferem a omissão podem acabar prejudicando dirigentes esforçados, novas lideranças e acabar sendo decisivos para eleger ou manter os piores dirigentes.

Além de lutar por suas bases e para se manter no poder, os líderes sindicais têm a todo momento que enfrentar lideranças que tentam formar outros sindicatos, reduzindo a base do tradi-

Como evitar reclamações trabalhistas – e levar a bom termo as existentes

cional. Mantêm funcionários lendo diariamente o Diário Oficial da União, onde são publicados editais chamando categorias de trabalhadores ou empresários de determinadas atividades econômicas para assembleias destinadas a fundar novos sindicatos. Se julgam que a base pretendida se identifica com a sua, tentarão invadir a assembleia, impedi-la ou votar contra a fundação ou desmembramento, se são maioria; ou tumultuá-la se são minoria. Mesmo que seja votada a fundação, os já existentes irão tentar impugnar o registro no MTE.

O MTE, por sua vez, impugnado o pedido do registro por outra entidade, determina que as partes disputem na Justiça esse direito. Isso predominou até os anos de 2008-2011, quando a Portaria 186, assinada pelo ministro Carlos Lupi, admitiu que o Ministério decidisse algumas disputas. Em vez de diminuir, a fabricação de sindicatos aumentou. Ao substituir Lupi, o ministro Brizola Neto tentou encontrar meios de dificultar a criação de entidades fantasmas.

Na Justiça, as entidades tradicionais, geralmente ecléticas, têm perdido as ações quando um novo sindicato disputa a representação de uma base específica, seja de uma profissão ou de uma atividade econômica. Os tribunais também têm acolhido pedido de novos sindicatos, quando eles pleiteiam o direito de representar uma região específica, contra outro que representa grandes regiões, muitas cidades, às vezes estados, às vezes o país todo.

Para o Judiciário, um sindicato específico tende a ser mais eficiente e mais adequado para atividades econômicas, categorias ou então para região determinada, e é direito dos empresários ou trabalhadores determinarem que sindicato querem.

Nem se diga que a proliferação de entidades fere o princípio da unicidade sindical, como querem algumas lideranças e juízes de primeira instância. Tudo que ocorre é um desmembramento, a unicidade continua. O novo sindicato passa a ser único para a região ou categoria de atividade específica. O que sofreu desmembramento continua único, para regiões e categorias cuja representação manteve.

O que não se admite é um novo sindicato para a mesma categoria, atividade econômica ou região específica, concorrendo com outro já existente. Também não se admite a separação de categorias ou atividades econômicas que não tenham características distintas das existentes nos sindicatos tradicionais. Por exemplo, a tentativa de formar um sindicato de motoristas ou empresas de micro-ônibus, separado da categoria ou atividade de ônibus em geral em uma cidade parece um exagero. Não se pode admitir sindicato para motoristas de ônibus elétricos e outro para motoristas de ônibus a diesel.

Pelo critério vigente, um sindicato estadual, sendo ou não representativo, pode estimular a formação de outros pelo interior do estado e, quando tiver o número de cinco, formar uma federação estadual. Três federações podem formar um confederação, entidade de nível nacional.

A CLT conceitua atividade econômica como sendo a "*solidariedade de interesses econômicos dos que empreendem atividades idênticas, similares ou conexas, constitui o vínculo social básico que se denomina categoria econômica*" (CLT, art. 511, § 1º.). Para categoria econômica também se usa atividade econômica. De outro lado, temos a categoria profissional, relativa aos trabalhadores, que decorre da "similitude de condições de vida oriunda da profissão ou trabalho em comum, em situação de emprego na mesma atividade econômica ou em atividades econômicas similares ou conexas". Na prática, os conflitos são constantes também quanto a essas interpretações. Na área gastronômica, no município de São Paulo, os trabalhadores de estabelecimentos *fast food* montaram seu próprio sindicato, alegando que são diferenciados do sindicato de trabalhadores de restaurantes. Logo pode surgir um de pizzarias, outro de churrascarias, um terceiro de restaurantes vegetarianos... e não era bem isto que a CLT pretendia.

Em alguns casos, federações estaduais convivem com uma federação nacional do mesmo setor, como acontece em vários segmentos, criando mais confusão e disputas por recursos advindos das contribuições obrigatórias.

Com a multiplicação nunca vista de entidades sindicais e a formação dos sindicatos de fachada, ocorre a desmoralização da atividade sindical, prejudicando as entidades e lideranças autênticas. Corre-se o risco de convivermos longo tempo com entidades esvaziadas que só estimulam a existência de líderes de coisa nenhuma e desgastam todo o sistema. O ideal é a liberdade sindical plena, mas em qualquer situação é fundamental que haja critérios de representatividade mínima para uma entidade sentar à mesa de negociação ou então será o caos.

As diretorias dos sindicatos são eleitas por seus sócios, aqueles que espontaneamente se associam e recolhem taxas, geralmente mensais. A disputa pelo poder chega a tal ponto que muitas lideranças não fazem força alguma e às vezes até dificultam a filiação de novos sócios, já que um colégio eleitoral pequeno é mais fácil de controlar e prestar serviços.

Existem presidentes que são reeleitos há muitas décadas, graças a papeizinhos denominados credenciais, que lhes permitem votar neles mesmos. Em um deles, em São Paulo, a base tem 70 mil estabelecimentos comerciais, o sindicato tem 1.500 sócios, uma média de 100 comparecem para votar e o eterno presidente sempre se elege com mais de mil, graças às credenciais que leva em uma bolsa. Nem se tente ir a Justiça dizer que isso não é razoável, que fere o princípio da democracia. Se consta do estatuto, vale, dirá o juiz, impávido, distante, omisso e totalmente equivocado, pois deveria julgar exageros com base nos princípios de direito, especialmente os da razoabilidade e moralidade e, principalmente, nas que fundamentam o regime democrático. Afinal, se a assembleia formada pelos poucos sócios do sindicato decidisse que o mandato do presidente teria o título de rei e seria vitalício e isto passasse a constar do estatuto, valeria?

Para o futuro, ou continuaremos seguindo o caminho da deterioração da instituição sindical, com algumas mudanças tópicas, ou então, quem sabe, consigamos a almejada reforma, tornando as entidades efetivamente livres, representativas, democráticas, eficientes, transparentes. O país precisa delas, e muito, mas muitos políticos, tanto como grande parte das lideranças, geralmente comprometidos aqui e acolá com a atual situação, não se atrevem a discutir e implementar medidas moralizadoras. Esperemos que as sinalizações vindas do MTE, propondo mudanças, sejam para valer.

Relação empresas-sindicatos

Muitos empresários devem aprender com os trabalhadores a prestigiar seus sindicatos. Se sua diretoria é ineficiente, se não permite participação e democracia, se não funciona, devem lutar para mudar essa realidade, pois precisam do sindicato para defender sua atividade, para fazer convenções coletivas de forma competente, conduzir ações civis públicas, influenciar na sociedade, nos três poderes da República, tanto como nos correspondentes ao nível municipal ou estadual.

Gostem ou não da diretoria, devem comparecer às assembleias em que se discute a convenção coletiva. Ela será decisiva para a segurança e sobrevivência da empresa. Se não comparecem, não devem depois ficar se lamentando por ser o piso alto demais, por ter a diretoria admitido esta ou aquela cláusula.

Em situações normais, o empresário deve esforçar-se por manter relações amigáveis tanto com a diretoria de seu sindicato como com a do sindicato laboral. No entanto, são comuns as divergências, especialmente com este último. Muitos deles tentam a todo tempo receber mais e mais contribuições de seus trabalhadores, impor condições de trabalho impossíveis de serem atendidas, exigir exibição de livros. Não atendidos, irão denunciar a empresa no MTE, no MPT, na JT e em diversos outros órgãos públicos, às vezes apenas para ganhar pontos junto aos trabalhadores e manter-se no poder no sindicato. Pedidos esdrúxulos, se atendidos, poderão criar problemas futuros para o empresário. Não obstante, ele deve ter maturidade, tranquilidade, para lidar fria e racionalmente com essas pressões e se opor energicamente quando elas ultrapassarem certos limites. Se tem dificuldades em manter bom relacionamento e não tem funcionário específico para essa função, pode tentar a intermediação pelo seu sindicato, por advogado ou pelo contador.

Nos embates externos à empresa, com sindicatos laborais, com órgãos públicos ou de proteção ao consumidor, para se defender de ataques injustos da mídia ou de políticos, o sindicato empresarial é fundamental. Sozinha, além da dificuldade e, na maioria dos casos, da impotência, a empresa poderá ser vítima de represálias. Nesses momentos se percebe como é importante ter também, de seu lado, entidades com diretorias combativas, transparentes e democráticas, que tenham prestígio na sociedade e junto às autoridades.

As contribuições aos sindicatos, patronal e laboral

Os sindicatos, tantos os laborais como os patronais, com raras exceções, têm na contribuição sindical obrigatória sua principal fonte de subsistência. Não satisfeitos, alguns tentam cobrar outras contribuições criadas ao longo do tempo, em especial a confederativa e a assistencial. A cobrança dessas taxas tem sido questionada para quem não é sócio do sindicato, existindo até precedente normativo e súmula aprovados pelos tribunais. As entidades de trabalhadores insistem em cobrá-las e pressionam as empresas para que façam os descontos na folha de pagamento, mas, como explicamos, as empresas, fazendo isso, estarão criando um passivo trabalhista.

Vejamos, pois, a seguir, quais as contribuições que são comuns na área sindical.

Contribuição associativa

As contribuições associativas são as pagas voluntariamente pelos trabalhadores ou pelas empresas que se associam ao sindicato, em geral uma vez por mês.

A definição de critérios para se associar, da mensalidade

e de seu aumento, quando necessário, pode ser feita pela diretoria ou por assembleia. Os critérios podem ser estabelecidos em estatutos, o que evitará exageros de uma eventual assembleia. A composição das assembleias, sabidamente, muda ao longo do tempo. Um grupo dominante, em determinado momento, pode provocar votações prevendo aumento das mensalidades ou das exigências para se associar, visando eternizar seu domínio.

Em muitos sindicatos patronais, o valor da mensalidade, à semelhança do que acontece com a contribuição sindical obrigatória, é proporcional ao capital social, ou ao número de funcionários, o que é mais justo. Quem paga mais insurge-se contra o fato de ter seu voto a mesma validade dos que pagam menos. A convivência democrática, porém, exige tolerância.

Contribuições sindicais obrigatórias

Trabalhadores e empresas têm de recolher obrigatoriamente a contribuição sindical ao sindicato da categoria profissional ou de atividade econômica. As empresas também devem descontar a taxa devida a esse título da remuneração a ser paga aos trabalhadores e repassá-la ao sindicato obreiro. Em caso de recusa, tanto pode ser cobrada judicialmente como ser punida penalmente, acusada de querer boicotar e enfraquecer a entidade laboral.

Em geral, essa operação se faz através do contador ou, nas grandes empresas, do departamento de Recursos Humanos ou outro indicado como responsável. A contribuição a ser paga pelo trabalhador é equivalente a um dia de trabalho por ano, a ser descontado da remuneração de cada empregado, no mês de março, e a paga pela empresa é um percentual de seu capital social, também uma vez por ano.

As empresas que recolhem tributos pelo SIMPLES podem tentar deixar de pagar essas contribuições, pois, conforme a lei, tudo que devem pagar é o previsto nessa forma de recolhimento de impostos. Evidentemente, as entidades sindicais se opõem, alegando que atuam em favor de todas as empresas, indistintamente. As que querem manter fortes seus sindicatos devem pagá-las.

As empresas devem recolher como contribuição sindical obrigatória uma importância proporcional ao capital social registrado. Para calcular contribuições sindicais, podemos usar a tabela indicativa da CNC para 2012:

Linha	Classe de Capital Social (em R$)	Alíquota (%)	Parcela a Adicionar (em R$)
01	de 0,01 a 19.104,75	Contribuição Mínima	152,84
02	de 19.104,76 a 38.209,50	0,8%	–
03	de 38.209,51 a 382.095,00	0,2%	229,26
04	de 382.095,01 a 38.209.500,00	0,1%	611,35
05	de 38.209.500,01 a 203.784.000,00	0,02%	31.178,95
06	de 203.784.000,01 em diante	Contribuição Máxima	71.935,75

As empresas e as entidades ou instituições cujo capital social seja igual ou inferior a R$ 19.104,75, estão obrigadas ao recolhimento da contribuição sindical mínima de R$ 152,84 e as com capital social superior a R$ 203.784.000,00 recolherão a contribuição sindical máxima de R$ 71.935,75. As empresas que não recolherem contribuições no prazo serão multadas em 10% e poderão ser executadas pelo sindicato da categoria.

Contribuições assistenciais

As contribuições assistenciais, previstas na CLT e estabelecidas por acordo ou convenções coletivas, são cobradas para custear serviços prestados pelos sindicatos às respectivas categorias, em especial na elaboração da convenção coletiva. São questionadas nos tribunais e sua cobrança pode ser considerada ilegal, exceto para os sócios dos próprios sindicatos.

Para prestar serviços à sua categoria, o sindicato já recebe a contribuição sindical. Não obstante, as entidades tentam recebê-las de todos os trabalhadores, e as patronais, em menor número, de todas as empresas, explicando por que são cobradas.

Para reforçar essa pretensão, as lideranças dos sindicatos laborais insistem em que a obrigatoriedade de pagá-las seja inserida nas convenções coletivas. Com isto pretendem que as empresas as descontem obrigatoriamente da remuneração dos trabalhadores e as repassem ao sindicato laboral. Mas, mesmo assim, os juízes, majoritariamente, as repelem e as empresas que as descontam podem ser obrigadas a devolvê-las, se cobradas pelo trabalhador em uma reclamação trabalhista. Isto é particularmente perigoso porque já há jurisprudência reconhecendo o direito do MPT de propor ações coletivas, visando fazer com que as empresas devolvam essas verbas aos trabalhadores, todas as cobradas nos cinco anos anteriores a seu ajuizamento, com juros e correção monetária. O resultado é uma pequena fortuna.

Contribuições confederativas

Apesar de previstas na Constituição e de serem fixadas por assembleias, as contribuições confederativas também têm sido consideradas não obrigatórias, exceto para sócios do sindicato. Teoricamente se destinariam a sustentar o sistema confederativo existente. A resistência dos tribunais a essa cobrança tem fundamentação no fato do pagamento de a contribuição sindical, esta sim obrigatória, já prever que 15% deve ser destinado às federações e 5% às confederações (existem ainda 20% destinados ao MTE).

Muitos contadores que prestam serviços a pequenas empresas dizem que o pagamento dessas taxas é obrigatório. Alguns assim o fazem por interesse, outros por temerem que, se não aconselharem seus clientes a pagar, terão que se explicar com eles, quando a empresa for acionada pelo sindicato.

De fato, os sindicatos podem cobrar na Justiça do Trabalho essas verbas e cabe à empresa se defender. Infelizmente, apesar de a imensa maioria das tentativas dos sindicatos de cobrar contribuições assistências e confederativas ser repelida, muitos deles insistem e ajuízam milhares de reclamações, pois não são obrigados a pagar custas e nem são condenados em honorários. Muitas empresas até recolhem as contribuições junto aos funcionários e repassam ao sindicato laboral, por temor de represália, ou para não serem incomodadas, ou então para não gastar valores se defendendo. Na JT esses pagamentos ou as poucas causas que ganham estimulam os sindicatos a continuarem protocolando cobranças em petições padronizadas, nas quais só muda o valor do pretenso crédito e o nome do pretenso devedor, da empresa e seu endereço.

Evidente que essa prática antiética também ocupa tempo fantástico dos juízes e espaço nas prateleiras dos cartórios, mas a imensa maioria deles não pensa em represálias, como costuma fazer quando uma empresa insiste em uma tese considerada ilegal ou em recursos ditos protelatórios.

13 CONVENÇÕES COLETIVAS E DISSÍDIOS

As convenções coletivas de trabalho; poderes e limitações; cláusulas polêmicas; modernização das relações de trabalho; obstáculos opostos pela JT.

As convenções coletivas são os contratos feitos entre os sindicatos patronais e laborais, disciplinando as relações trabalhistas em determinadas áreas da atividade econômica. São determinantes para os resultados que as empresas podem obter no mercado, aumentar seus lucros ou seus déficits.

Elas dispõem sobre piso salarial, jornadas, pagamento de horas extras, adicionais, contribuições sindicais, planos de saúde, vale-refeição e vale-transporte, enfim, detalham todos os direitos e obrigações de empresários e trabalhadores e até dos respectivos sindicatos, que não constam de lei ou até nos espaços permitidos por omissões ou lacunas da lei. Uma vez aprovada pelas assembleias e assinada pelas lideranças sindicais, a convenção deverá ser respeitada por um ano ou dois, conforme disposto na cláusula apropriada. Os empresários devem se preocupar em discutir e votar em assembleia aquelas que julga serem as melhores propostas.

Se os sindicatos não se puserem de acordo após longo tempo de tratativas, eles podem ajuizar dissídio junto ao TRT da região. O desembargador para o qual for distribuída a causa tentará, antes de mais nada, uma conciliação e, caso nada consiga, dará uma decisão, geralmente atualizando a convenção anterior e mudando uma ou outra cláusula.

Não obstante a Constituição Federal dispor que as convenções coletivas devem ser respeitadas e prestigiadas, muitos juízes ou membros do MPF consideram nulas certas normas acertadas entre empresários e trabalhadores. É outro intervencionismo, na maior parte das vezes absurdo, puro autoritarismo, do Poder Público, que geralmente não faz o que deve em diversas outras áreas.

Com raras exceções, essas intervenções prejudicam principalmente as empresas, pois, no debate das cláusulas da convenção, o setor empresarial faz concessões em algum ponto, buscando benefício em outro. Se as partes assim dispuseram, é por sentirem ser melhor para elas e esse tipo de acordo é quase sempre aprovado por unanimidade em assembleias. Não obstante, muitos juízes consideram determinadas cláusulas nulas e então as empresas podem ser penalizadas, pois a nulidade atinge apenas as que favorecem as empresas, sem atingir aquela que resultou da concessão. Outras vezes, prejudica ambas as partes.

São decisões totalmente inoportunas, gerando uma tremenda insegurança jurídica, impedindo que as negociações se aprofundem, sejam prestigiadas, que as partes amadureçam, que haja mais acordos e menos litígios. É inadmissível, ilógico, incompreensível, que, a todo momento, elementos externos – JT, MPT – se intrometam e digam o que podem ou não podem fazer empresários e trabalhadores, como se lidasse com indigentes mentais. Uma vez assinada, a convenção coletiva é um ato jurídico perfeito, um contrato bilateral de cumprimento obrigatório, que gera direitos e obrigações. Assinada a convenção, as empresas calculam custos, contratam clientes e contratam trabalhadores. Quando menos se espera, ocorrem intervenções da JT ou do MPF, negando validade a cláusulas acertadas, o que é de uma violência inaceitável, um desatino que provoca desorganização no mercado e insegurança jurídica atroz para as empresas. Essas intervenções, muitas vezes, transformam relações de negócios lucrativas em deficitárias, levando empresas à falência.

Empresas e trabalhadores devem ter conhecimento pleno da convenção coletiva (ou do dissídio) e cumprir suas obrigações. Um único item não cumprido pela empresa pode gerar passivo trabalhista. E se não cumprido por anos seguidos e para muitos funcionários, o valor pode subir a níveis estratosféricos. O empresário pode passar esse tempo todo na ilusão de que sua empresa é lucrativa e, então, ter uma terrível decepção.

O item mais discutido na convenção costuma ser o piso salarial da categoria. Todos os trabalhadores querem ganhar mais, o que é natural, tanto como é natural que os empresários desejem aumentar a margem de lucro de seus negócios. Mas o empresário tem no mercado e na empresa muitas variáveis para aumentar a margem de lucro. Para o trabalhador, a convenção é o momento essencial, quase único, de tentar obter aumento da sua remuneração. Ambos devem se respeitar mutuamente.

Os sindicatos de ambas as partes têm de convocar assembleias para acompanhar e discutir propostas, elaborar contrapropostas, aprovar as conclusões finais. Geralmente as lideranças dos trabalhadores pedem aumentos bem elevados, às vezes como tática de negociação, outras para satisfazer o público interno, e é preciso muito debate para adequá-los ao que as empresas acham possível.

Há casos nos quais, por descuido da área empresarial, líderes mal escolhidos aceitam pisos que inviabilizam empresas. Em outros, o piso é submetido a rígido controle, mas os dirigentes descuidam deste ou daquele item. Há acordos coletivos prevendo pisos de R$ 800,00 e vale-refeição de R$ 20,00 por dia. O funcionário recebe até R$ 460,00 em certos meses com vale-refeição. Os mais carentes ou de famílias numerosas comem em marmitex e vendem esses vales no mercado, com desconto de 15%, conseguindo ainda um substancial aumento dos ganhos mensais. Lideranças empresariais e laborais acham isso vantajoso, pois sobre o vale-refeição não incidem tantos encargos e impostos quanto sobre o salário, mas é prática eticamente questionável.

Há outras vezes, como citamos no caso dos condomínios, em que a intervenção da JT se faz para manter uma convenção espúria apenas por beneficiar alguns trabalhadores (em detrimento de outros, em muitos casos), prejudicando milhões de brasileiros, o que demonstra a visão ideológica e o preconceito contra a terceirização no comando das decisões.

Entre outros benefícios passíveis de discussão nas convenções, discutem-se o aumento no prazo do aviso prévio, cestas básicas, planos de saúde, adicionais de insalubridade ou periculosidade, seguros de vida, participação em lucros e resultados etc. Certas convenções têm mais de duzentas cláusulas, prevendo dezenas de benefícios, além dos obrigatórios por lei. É a ocasião também para o setor empresarial remover alguns obstáculos a seu desenvolvimento, obter a colaboração dos trabalhadores e melhorar a cultura e o relacionamento. Ambos os lados devem escolher hábeis negociadores, afastar os intolerantes e emotivos. Chega a ser cansativo estudar, ler uma convenção coletiva, mas o empresário deve fazer tudo como se fosse uma lição de casa, sabendo precisamente seu conteúdo. Os trabalhadores conhecem todos os itens que lhes interessam e sabem quando estão sendo lesados.

14 DANO E ASSÉDIO MORAL

As condenações por dano e assédio moral são cada vez mais comuns; as indenizações são avaliadas basicamente segundo a gravidade da ofensa, suas consequências e duração e o poderio econômico do ofensor; trata-se de outros riscos que a empresa deve evitar; o funcionário também pode ser condenado por dano moral; dano material provocado por funcionário.

Dano Moral

As reclamações trabalhistas devem ser ajuizadas em até 2 anos após a rescisão do contrato, mas a jurisprudência vem admitindo que o pleito por dano moral pode ser reclamado no mesmo prazo previsto no Código Civil, ou seja, em até 3 anos. Advogados prevenidos evitam esses escolhos e ajuízam em até dois anos, pois jurisprudência é algo que pode mudar.

O dano moral na esfera jurídica é definido como o sofrimento humano, a dor (física ou psíquica), a humilhação, a injustiça, provocada por uma pessoa ou uma empresa, contra outra pessoa. A condenação por dano moral era comum em outros países e acabou vindo para o Brasil, sendo usado antes na esfera cível, de onde migrou para a Justiça do Trabalho.

Alguns autores têm definições consagradas do dano moral: Jorge Pinheiro Castelo, jurista conhecido, define o dano moral como sendo aquele que *"surte efeitos na órbita interna do ser humano, causando-lhe uma dor, uma tristeza ou qualquer outro sentimento capaz de lhe afetar o lado psicológico, sem repercussão de caráter econômico"*.

Yussef Said Cahali, renomado desembargador e professor, refere-se ao dano moral como sendo *"aquele que diminui ou priva o homem da paz, da tranquilidade de espírito, da liberdade individual, da integridade física, da honra, da reputação"*.

Um dos maiores estudiosos desse tipo de lesão foi o prof. Carlos Alberto Bittar, que assim o define: *"Danos Morais são lesões sofridas pelas pessoas, físicas ou jurídicas, em certos aspectos de sua personalidade, em razão de investidas injustas de outrem. São aqueles que atingem a moralidade e a afetividade da pessoa, causando-lhe constrangimentos, vexames, dores, enfim, sentimentos e sensações negativas. Contrapõem-se aos danos denominados materiais, que são prejuízos suportados no âmbito patrimonial do lesado"*.

Maria Helena Diniz se preocupou em estudar critérios para fixação do dano moral: *"Na avaliação do dano moral, o órgão judicante deverá estabelecer uma reparação equitativa, baseada na culpa do agente, na extensão do prejuízo causado e na capacidade econômica do responsável. Na reparação do dano moral, o Juiz determina, por equidade, levando em conta as circunstâncias de cada caso, o quantum da indenização devida, que deverá corresponder à lesão e não ser equivalente, por ser impossível tal equivalência"*.

Esses conceitos, de definição e aferição do valor do dano moral, são usados na JT pelo trabalhador, quando ele se sente atingido moralmente durante a relação trabalhista. Pretenso

Como evitar reclamações trabalhistas – e levar a bom termo as existentes

agressor pode ser o empresário, um chefe imediato ou até colegas ou clientes. Em princípio, a empresa pode pensar estar isenta quando o funcionário é agredido por um colega ou cliente. De fato, pode até tentar se isentar, se desconhece o que ocorre ou se houve provocação anterior.

Se tiver conhecimento e o fato for repetitivo, deve tomar providências imediatas. A empresa tem poder e obrigação de inibir determinadas condutas ofensivas a pessoas em seu interior. São casos comuns de dano moral os que o gestor ofende a honra pessoal ou a reputação de um trabalhador, ou o obriga a trabalhar em condições humilhantes. Mesmo mandar um trabalhador ficar sem fazer nada na empresa ou em sua residência é considerado causa de dano moral.

O dano moral pode decorrer também da dor ou deficiência física ocorrida por culpa (negligência, imprudência ou imperícia) da empresa. Um trabalhador que cai de uma escada defeituosa e machuca a coluna, por exemplo, sentirá dores nessa hora e durante o tratamento e poderá, ainda, ficar com deficiência para o resto da vida, caracterizando também imenso dano moral.

O trabalhador pode pleitear indenização da empresa que, conforme o caso, pode depois tentar receber o que pagou do gestor infrator, ou do fornecedor do qual comprou a escada. O gestor pode ser acusado de negligência por ter obrigação natural de respeitar pessoas, mas principalmente se tiver sido orientado a evitar a conduta e respeitar os trabalhadores ou providenciar a troca do equipamento que causou o acidente.

Chamar ou permitir que alguém seja chamado de burro, sujo ou qualquer apelido degradante, dentro da empresa, por gestor ou outros funcionários, mesmo clientes, fornecedores, ou até terceiros – que podem ser inibidos ou ter sua entrada vedada pela empresa – resultam em dano moral e no direito de indenização. A ofensa é mais grave ainda se decorrer de cor, raça, deficiência física ou mental.

Infelizmente, tais ocorrências são comuns em grandes empresas, nas quais os superiores não podem estar em todo lugar, e também nas pequenas, onde o empresário tem de se ausentar costumeiramente para tratar de outros assuntos ou fica no escritório e não sabe o que acontece nas demais dependências.

Se a empresa se preocupa em educar seus funcionários, de todos os níveis, para evitar esse tipo de infração, mesmo que ela aconteça vez ou outra, poderá receber uma condenação mais branda, se o juiz tiver um mínimo de sensibilidade. Deve, para reduzir a condenação, mostrar que se preocupa em evitar agressões, juntando provas. Também deve demonstrar ao juiz que puniu o infrator. Por outro lado, fazer reuniões para discutir o respeito devido ao outro e colocar isto como regra destacada em regulamento são não só formas de evitar o erro, mas de reforçar a cultura interna.

A empresa deve punir o infrator e isso deve ser demonstrado e servir de exemplo aos demais funcionários, havendo ou não reclamação do agredido. Como já exposto, a empresa que divulgar a punição, em determinadas situações, corre o risco de ser penalizada pelo MPT ou JT, mas deve exercer seu direito, enfrentando os equívocos destes órgãos.

Mas não é só pessoa física que pode ser vitimada pelo dano moral. A jurisprudência já se consolidou no sentido de admitir que também pessoas jurídicas podem ser atingidas. Acontece quando alguém ataca sua conduta, sua marca, sua diretoria, sua imagem, seus produtos, de forma muito agressiva e injusta, ou com afirmações que não são verdadeiras. O resultado negativo é evidente e o direito a ressarcimento é não só moral como também material, ou seja, com perdas financeiras diretas, se acontecerem.

Seja o dano moral provocado por terceiros ou por funcionários, a empresa pode propor ação contra eles. O funcionário que difamar a empresa ou destratar o empresário pode ser demitido por justa causa e ser chamado a responder por dano moral, pela empresa (especialmente se o ato desabonador é cometido em público), pelo empresário ou por ambos. Se ele ajuizou reclamação, a empresa poderá pedir a reparação e/ou compensação em reconvenção.

Uma simples ofensa contra o trabalhador durante o período de trabalho pode resultar em condenações das empresas em somas de R$ 2 mil a R$ 20 mil. O valor aumenta nos casos mais grave ou se a hostilidade dura anos. Um ferimento grave, às vezes a perda da capacidade de trabalho, pode levar a indenização de R$ 300 mil ou mais, além de condenação por danos materiais (hospitais, médicos, tratamentos, enfermeira, pensionamento pelo resto da vida etc.). Se o trabalhador morre, a família poderá ajuizar a ação.

Em nenhum outro item fica tão clara a liberdade e, às vezes, a subjetividade e incoerência dos juízes para julgar, como no caso do dano moral. É comum que pelo mesmo fato um juiz condene a empresa a R$ 5 mil e outro a R$ 50 mil. São também comuns as decisões em que juízes condenam a empresa a R$ 500 mil e os tribunais superiores a reduzem para R$ 50 mil ou até negam qualquer condenação. Há outros julgamentos onde acontece o contrário: o magistrado absolve e os tribunais condenam a valores estratosféricos. Percebe-se que cada juiz formou seus próprios critérios, muitas vezes a partir de ideologia, de emoções ou de experiências de vida.

Nada mais natural que alguém que perdeu o filho em um acidente ou por doença queira mais rigor na condenação do agressor. Mas o juiz deve observar certos aspectos da situação. Ao condenar a empresa a indenizar uma família que teve o filho morto em acidente de trabalho, deve observar se ela realmente teve culpa, o grau dessa culpa, sua conduta na apuração da responsabilidade, sua tentativa de dar assistência imediata à vítima e sua família, até seu poder econômico, pois, se acabar com a empresa, muito provavelmente ela e talvez o empresário não terão como constituir capital ou pagar a indenização.

O prejuízo da empresa por acidentes de trabalho poderá aumentar mais ainda, pois o INSS ajuizará ação para receber dela as despesas que terá com o trabalhador vítima dessas ocorrências, quando evidenciar-se a culpa da empresa.

Devem, pois, os empresários fazer todo o possível para prevenir os acidentes de trabalho, não só pelas suas consequências econômicas gravíssimas para as empresas e para o país, mas, mais uma vez, por sua humanidade e pela humanidade do trabalhador e sua família.

Assédio moral e sexual

O assédio moral é um tipo de agressão cuja condenação é de aplicação mais recente ainda e ocorre, em geral, quando a empresa pressiona exageradamente o trabalhador para obter algum resultado ou o faz de forma inadequada, às vezes ridicularizando-o. É muito comum nos departamentos de vendas, onde os melhores vendedores são homenageados e os piores, ridicularizados por seus chefes, muitos deles querendo aumentar as vendas para obter promoções ou também para atender seus superiores que os pressionam por resultados. Em grandes empresas, a pressão pode começar pelos acionistas, que exigem mais resultados, e acabar sendo repassada até aos faxineiros.

Mas o assédio moral pode ocorrer, também, com uma simples secretária, pressionada constantemente para fazer serviços excessivos ou que não tem condição de fazer, por limitações intelectuais ou técnicas.

O assédio sexual se dá quando algum funcionário insiste em abordar alguém, fazendo propostas de conteúdo sexual, especialmente se de forma agressiva e repetitiva. A acusação pode ser até mesmo de um funcionário contra seu superior, se fatos como esses são levados ao conhecimento da empresa por meio da chefia ou gerência. Se a empresa não punir o agressor, será então considerada culpada.

Os valores das condenações são definidos conforme parâmetros expostos para o dano moral e podem variar de R$ 2 mil até R$ 50 mil.

A subjetividade do assédio moral tem prejudicado muito as empresas. O MPT chegou a distribuir um cartaz onde constava como dano moral o fato de um empresário colocar na parede um aviso de que na sua empresa só havia lugar para quem trabalhasse. Trata-se de estímulo ao trabalho, de ação perfeitamente cabível no poder de mando do empresário. Seria até bom tê-lo nas paredes onde trabalham também os funcionários públicos. O contribuinte ficaria satisfeito, pois quer resultados.

Mais uma vez, afirmamos, torna-se fundamental o conhecimento e a sensibilidade do gestor. Ele deve saber até onde pode exigir e pressionar. Os riscos existem e deve-se tentar evitá-los, mas jamais deixar de exigir metas e esforços para atingi-los.

Dano material provocado por funcionário

Além do dano moral, em determinadas situações a empresa pode pedir indenização por dano material causado por funcionário, quando ele age de forma temerária, contrária aos regulamentos; quando por desídia ou dolo quebra algo; quando agride um cliente; por furto ou apropriação indébita; entre outras.

É recomendável que, desde o início da relação de trabalho, se explique o que o funcionário deve fazer ou deixar de fazer. A conduta correta pode também constar do contrato ou regulamento que o empregado recebe (devendo assinar recibo de que recebeu cópia). Esse regulamento deve conter normas sobre pontualidade, modo de se vestir, de se portar com colegas e superiores e deve também ser posto em locais visíveis, para que todos tomem conhecimento. Muitas normas de conduta podem ser discutidas e estabelecidas em reuniões comuns, até porque a atividade empresarial exige trabalho em equipe, é dinâmica e sempre surgem situações novas. Tais decisões podem constar de ata da reunião, que todos os presentes devem assinar, como forma de provar que têm ciência do estabelecido.

O empresário, afetado pelo prejuízo causado por trabalhador indisciplinado ou relapso, pode ficar indignado, mas não deve reagir ou tomar medidas emocionais, pois isso pode acabar reduzindo seus direitos. Também na relação de trabalho vale a máxima de que o direito de defesa deve ser exercido quando necessário, adequadamente, dentro de limites, proporcionalmente à agressão. Todo excesso deve ser punido. Uma demissão decorrente de ofensas mútuas entre gestor e trabalhador levará o juiz a, provavelmente, declarar ambos culpados.

Quando ocorre flagrante de ato ilícito penal e a prova é consistente, a demissão deve ser, se possível, imediata. Para efeitos trabalhistas, o gestor pode chamar a polícia ou ir até a delegacia fazer boletim de ocorrência. Esse procedimento é imprescindível para a empresa se defender em uma possível reclamação ou se o funcionário for a juízo pleitear dano moral, afirmando sua inocência, assim como para obter indenização pelo prejuízo.

Muitas vezes, os demais trabalhadores têm conhecimento de que um deles está cometendo ilícito, sabem que isso prejudica a empresa e a eles mesmos, pois todos acabam sendo suspeitos, mas evitam denunciar o colega. No entanto, ficam satisfeitos quando a empresa age com energia e retira a fruta deteriorada do contato com as demais. Há casos, inclusive, de funcionários que furtam colegas e por isso convém que cada um deles, se obrigados a vestirem uniformes, tenham um armário e a chave respectiva. Todos devem assinar e deve constar do regulamento que são obrigados a fechar os armários com chaves e as manterem consigo, sob pena de cometerem infração, e que a empresa não responde por prejuízos.

A melhor forma de proteção dos armários seria uma câmera filmando o local, mas o MPT e a JT podem interpretar isto como "invasão de intimidade". Nesse caso, melhor é comprar armários resistentes e evitar o risco. Se a câmera se tornar inevitável, é preciso obter autorização escrita de todos os funcionários que frequentam o referido vestiário, o que, porém, poderá não obstar o sucesso de possíveis reclamações trabalhistas, especialmente se o trabalhador argumentar que assinou a permissão por se sentir constrangido.

Há situações em que é bem melhor o gestor fingir que desconhece o ato ilícito (administrativo ou penal) para poder surpreender e fazer prova contra o culpado. Isso ajuda a evitar que se culpem inocentes, o que é imperdoável.

As provas da infração podem ser testemunhas, filmes,

gravações documentais, contábeis, periciais e até confissão.

A prática mostra que a confissão é obtida com mais facilidade nos momentos seguintes ao flagrante. Essa pode ser a hora de uma negociação. Com o passar do tempo, obter confissão ou fazer provas fica cada vez mais difícil. Mais difícil ainda será obter a reparação ou devolução de um valor subtraído.

No caso de infrações penais, nem sempre vale a pena dificultar definitivamente a vida profissional de um trabalhador. Ele pode estar errando pela primeira vez ou cometendo um furto para suprir necessidade premente da família. Se o fato for noticiado pelos jornais, a imagem da empresa e de seus trabalhadores sofrerá grande desgaste. Quanto à empresa, se iniciado um inquérito, ao qual se seguirá o processo penal, perderá muitas horas de seus funcionários, encarregados de inúmeros depoimentos e de muitas horas de espera em salas de delegacias ou do Fórum. Talvez seja o caso de um acordo que preserve a ambos, sempre condicionado ao fato de que não se pode estimular outros funcionários a cometerem o mesmo erro.

A negociação mais comum se dá com o compromisso do gestor de não levar o caso à policia se o funcionário devolver o que subtraiu ou relatar o nome dos cúmplices, se houverem. Nesse caso, é bom elaborar uma confissão do ilícito por escrito ou, no mínimo, uma confissão de dívida. Passada essa oportunidade, o funcionário desonesto poderá acabar não pagando e não será fácil cobrá-lo ou evitar reclamação trabalhista e até ação penal dele contra o empresário ou gestor, por injúria, difamação ou, calúnia. A empresa deve decidir que risco quer correr.

Ao se defrontar com esse tipo de episódio, extremamente desagradável, é fundamental manter a tranquilidade e pensar como agir. A razão deve superar a emoção. Em muitos casos em que atuei como advogado, o empresário, ao intervir, atrapalhou em vez de ajudar. Especialmente os pequenos empresários, que lutam muito pela sobrevivência do negócio e para pagar os trabalhadores. Eles se julgam violentados, injustiçados e condenam o funcionário pela ingratidão. Havendo dúvida, pode-se, inclusive, fazer um processo administrativo, no qual o suspeito e testemu-

Como evitar reclamações trabalhistas – e levar a bom termo as existentes

nhas serão ouvidos e assinarão depoimentos. Um telefonema ou a presença do advogado pode ajudar.

Recomenda-se ao empresário e advogado condutas ponderadas e maduras. É recomendável também, em homenagem à imensa maioria dos trabalhadores, que é honesta e não quer estar entre os suspeitos – o que é comum quando há furtos contínuos sem que se descubra o responsável. A acusação de desonestidade contra um cidadão honesto é um crime, tanto no plano jurídico como, principalmente, no plano moral. Trata-se de um episódio traumático, que irá ser lembrado com revolta pela vítima o resto da vida. As condenações financeiras contra empresas nesses casos são violentas. Se o caso for divulgado em meios de comunicação, a injustiça comprometerá sua imagem e poderá, no caso das pequenas empresas, levá-las à falência. Muitas vezes, o ato ilícito é resultado de desespero, de desorientação momentânea, enfim, nem sempre é razoável ir às últimas consequências com o faltoso.

A obtenção de indenização pela empresa, por danos materiais decorrentes de atos culposos do funcionário (negligência, imprudência ou imperícia), é mais fácil se houver contrato com cláusula prevendo o ressarcimento. Indenização por imperícia é questionável, pois a empresa tem o direito de testar o trabalhador ao contratá-lo para a função. No entanto, ser diligente e prudente é obrigação do trabalhador.

O contrato pode prever o direito de a empresa descontar esses prejuízos da remuneração do funcionário, mas muitos juízes não aceitam tal comportamento, pois o trabalhador vive do salário, trata-se de verba alimentar, o que não ocorre com a que visa indenizar a empresa. Pode-se, pois, tentar receber a indenização em ação à parte ou pedir declaração desse direito aos funcionários faltosos, antes de fazer o desconto. Pode-se ainda descontar o prejuízo da remuneração, em parcelas, de forma suportável para o funcionário e após acordo com este. São condutas sempre questionáveis na JT, especialmente se o trabalhador for um cidadão humilde e sua família precisar do salário.

A solução nesses casos, tanto como em muitos outros que

citamos, exige sensibilidade do empresário, uma dose de humanidade, de inteligência, pois ele deve estar sempre olhando para o conjunto, para o futuro, para o fortalecimento do trabalho de equipe, de sua imagem e liderança. Perder-se em questiúnculas, exercer ações que parecem vingança, que ocupam tempo precioso, nem sempre ajuda no crescimento da empresa, da equipe e do líder.

15 PERSPECTIVA DE MUDANÇAS E REFORMA TRABALHISTA

Diante da situação exposta, de declarações reiteradas até de presidentes do TST, reconhecendo que a legislação trabalhista está superada, anacrônica, nada é mais razoável que exigir mudanças modernizadoras, ou da legislação ou, pelo menos, de sua aplicação pela JT. Infelizmente, essa obviedade encontrará obstáculo ferrenho na ideologia e cultura predominantes.

Tem se conseguido um ou outro avanço pontual, geralmente um passo à frente para dois atrás. Uma ou outra cláusula mais avançada das convenções coletivas tem sido respeitada. Há inovações que são impostas aos trancos e barrancos, o que é inevitável, pois surgiram muitas profissões nas novas áreas de atividade econômica, que jamais poderiam ser imaginadas na primeira metade do século passado.

Mesmo em primeira instância, existem juízes que ousam destoar dos colegas e da Anamatra e enfrentar e repelir interpretações padronizadas ou até exigências formalmente legais, mas evidentemente absurdas. Pode se citar, como exemplo, a imposição da lei que obriga à contratação de quotas de portadores de deficiência em empresas onde eles correm riscos ou que não podem absorvê-los (segurança privada, transportes, por exemplo), e de aprendizes (qual o interesse de colocar um aprendiz para aprender a empacotar mercadoria em supermercados ou ser auxiliar de faxineiro, sentenciou um juiz mais ousado).

Os contínuos aumentos de custos determinados por impostos, legislações onerosas e restritivas e punições são inevitavelmente transferidos pelas empresas para os produtos e serviços, e quem os paga são os brasileiros em geral, pois são todos consumidores, os trabalhadores inclusive. Empresas não conseguem dinheiro como o governo, por lei ou decreto; têm de produzir, cada vez mais, cada vez melhor, cada vez mais barato, nos mercados em que atuam. As exceções ficam para algumas poucas que são monopólios, ou formam oligopólios ou cartéis, e devem ser combatidas.

A necessidade de mudanças nas relações de trabalho e a redução da litigiosidade são necessidades óbvias, e as obteríamos se formássemos mais lideranças autênticas e combativas na área empresarial, outras mais modernas e arejadas na área laboral e maior número de magistrados de mente mais aberta na JT. Estes poderiam enfrentar a legislação superada com interpretações criadoras e modernizadoras, usando princípios gerais de direito, os da razoabilidade, da proporcionalidade e tantos outros, como fazem os juízes cíveis, penais, até da área fiscal. No entanto, quando os juízes trabalhistas lançam mão de princípios gerais de direito, é para prestigiar a rigidez, como nos casos do direito à saúde ou à dignidade, para anular cláusulas de convenções coletivas acordadas entre trabalhadores e empresários, a pedido de um único ou alguns reclamantes ou mesmo do MPT.

Pessoas adultas, lideranças, brasileiros, decidem uma norma de conduta em assembleias democráticas, e o promotor ou o juiz não a permitem, dizem que faz mal à saúde etc., como se lidassem com crianças ou débeis mentais, com pessoas que não sabem o que é bom para suas vidas. A sociedade precisa reagir e dizer a essas autoridades, membros do MPT, JT, MTE, que se

Como evitar reclamações trabalhistas – e levar a bom termo as existentes

limitem a intervir quando a lei é clara, quando são chamados, ou quando são realmente necessários; que deixem de, a pretexto de atender um único sujeito que reclama, atentar contra interesses de categorias inteiras. Essas intervenções são inadmissíveis nos países desenvolvidos, onde, mais que convenções coletivas, prestigiam-se pactos sociais, entre trabalhadores e empresas, que mudam não só relações trabalhistas, mas até sociais, políticas e econômicas. No Brasil, tratados como "crianças", os trabalhadores não podem sequer dispor sobre a possibilidade de se entrar cinco minutos mais cedo na empresa ou negociar a troca de um benefício por outro.

SIGLAS

ANAMATRA – Associação Nacional dos Magistrados da Justiça do Trabalho

BACEN-JUD – Convênio entre o Judiciário e o Banco Central para que este forneça informações sobre os devedores

CCP – Comissão de Conciliação Prévia

CEBRASSE – Central Brasileira do Setor de Serviços

CLT – Consolidação das Leis Trabalhistas

CNC – Confederação Nacional do Comércio de Bens, Serviços e Turismo

CNI – Confederação Nacional da Indústria

FIESP – Federação das Indústrias do Estado de São Paulo

IBGE – Instituto Brasileiro de Geografia e Estatística

JT – Justiça do Trabalho

MEI – Micro Empreendedor Individual

MPF – Ministério Público Federal

MPT – Ministério Público do Trabalho

MTE – Ministério do Trabalho e Emprego

OAB – Ordem dos Advogados do Brasil

PNAD – Pesquisa Nacional por Amostra de Domicílios

PNBE – Pensamento Nacional das Bases Empresariais

SEBRAE – Serviço Brasileiro de Apoio às Micro e Pequenas Empresas

SIMPLES – Sistema Simplificado de Recolhimento de Impostos

STF – Supremo Tribunal Federal

STJ – Superior Tribunal de Justiça

TRT – Tribunal Regional do Trabalho

TST – Tribunal Superior do Trabalho

REFERÊNCIAS BIBLIOGRÁFICAS

ANUÁRIO DA JUSTIÇA DO TRABALHO 2012. *Revista Consultor Jurídico.* São Paulo, Conjur Editorial, 2012.

CARRION, Valentin. *Comentários à Consolidação das Leis do Trabalho.* 33ª edição atualizada. São Paulo: Editora Saraiva, 2008.

CAVALCANTE, Jouberto de Quadros Pessoa; e JORGE NETO, Francisco Ferreira. *Prática Jurídica Trabalhista.* 2ª edição. São Paulo: Editora Atlas, 2011.

EBERT, Paulo Roberto Lemgruber. *Sindicato Mais Representação e Mutação Constitucional.* São Paulo: Editora LTr, 2007.

MARICATO, Percival. *Como Montar e Administrar Bares e Restaurantes.* 7ª edição. São Paulo: Editora Senac São Paulo, 2007.

MARICATO, Percival. *Franquias – Bares, Restaurantes, Lanchonetes, Fast-Foods e Similares.* 1ª edição. São Paulo: Editora Senac São Paulo, 2006.

MARTINS, Sergio Pinto. *Comentários à CLT.* 15ª edição. São Paulo: Editora Atlas, 2011.

MARTINS, Sergio Pinto. *Direito do Trabalho.* 21ª edição atualizada até 12/2004. São Paulo: Editora Atlas, 2005.

MARTINS, Sergio Pinto. *Direito Processual do Trabalho.* 33ª edição atualizada até 3/12/2011. São Paulo: Editora Atlas, 2012.

SANTOS, Ronaldo Lima dos. *Sindicatos e Ações Coletivas.* 2ª edição revista e ampliada. São Paulo: Editora LTr, 2008.

VIANNA, Claudia Salles Villela. *Manual Prático das Relações Trabalhistas.* 5ª edição revista, atualizada e ampliada. São Paulo: Editora LTr, 2002.